Roeser · Die außergerichtlichen Gebühren des Rechtsanwalts

# Prüfung und Praxis für Rechtsanwaltsfachangestellte

*Herausgegeben von Karsten Roeser*

Vielen Auszubildenden und Praktikern sind herkömmliche Lehrbücher häufig zu umfassend und theoretisch aufgebaut. In der neuen vorliegenden Kurs-Reihe *Prüfung und Praxis für Rechtsanwaltsfachangestellte* werden die prüfungsrelevanten Themen zunächst kurz erläutert, dann an Beispielen praktisch veranschaulicht, schließlich in einem weiteren Kapitel trainiert und das Wissen mit zahlreichen, den Kapiteln beigefügten Test- und Prüfungsfragen gefestigt.

Beispiele aus der täglichen Praxis runden die Themen ebenso ab wie Fälle aus vergangenen Prüfungen.

Bisher sind in der Reihe erschienen:

**Die außergerichtlichen Gebühren des Rechtsanwalts**
von Karsten Roeser

**Die Regelgebühren im Zivilprozess**
von Karsten Roeser

**Die Vergleichsgebühr**
von Karsten Roeser

Karsten Roeser

# Die außergerichtlichen Gebühren des Rechtsanwalts

GABLER

Die Deutsche Bibliothek – CIP-Einheitsaufnahme
Ein Titeldatensatz für diese Publikation ist bei
Der Deutschen Bibliothek erhältlich.

1. Auflage Oktober 2000

ISBN 978-3-409-11650-3     ISBN 978-3-322-90909-1 (eBook)
DOI 10.1007/ 978-3-322-90909-1

# Vorwort

## Sie mögen keine graue Theorie?

Die Kursreihe arbeitet nach einem neuen didaktischen Konzept.

Graue Theorie bekommen Sie hier nicht geboten. Die sog. „allgemeinen Grundlagen" besprechen wir an den Stellen, an denen es in unseren Fällen auf sie ankommt - und schon sind die Grundlagen keine blutleere Theorie mehr, sondern Sie erkennen gleich, dass sie vielmehr höchst konkrete Informationen darstellen, auf die Sie bei der Lösung der Fälle angewiesen sind. Sie wissen sofort, *warum* Sie eigentlich diese Informationen benötigen. Sie finden diese theoretischen Grundlagen in einem eigenen Unterkapitel am Beispiel eines konkreten Falles.

## Anwenden lernen - die Fallmethode

Es nützt Ihnen nicht viel, wenn Sie etwas lediglich auswendig lernen. Man muss es auch anwenden können - in der Praxis, in der Prüfung. Können Sie etwas anwenden, haben Sie es auch verstanden, und darauf kommt es an. In den Musterfällen lernen Sie, Ihr Wissen anzuwenden. Darum gibt es in diesem Kurs so viele Fälle und Aufgaben.

## Was Sie nicht wiederholen wollen, brauchen Sie erst gar nicht zu lernen.

Es ist unsinnig, gebührenrechtliche und verfahrensrechtliche Zusammenhänge zu lernen, ohne sie auch zu wiederholen. Sie wollen Ihr Wissen ja nicht nur bis zum Abendbrot behalten, sondern eigentlich deutlich länger. Und wissenschaftlich gesehen ist erwiesen: Wir vergessen, was wir nicht wiederholt haben. Wir vergessen sogar, was wir wiederholt haben. Aber je mehr wir den Lernstoff repetiert haben, umso länger können wir ihn in Zukunft ohne weiteres Wiederholen behalten. Einschlägige pädagogische Bücher weisen das mit wissenschaftlichen Untersuchungen schon lange nach - aber darauf brauche ich sicher nur zu verweisen, denn eigentlich hatten Sie das schon lange gewusst oder etwa nicht? Also müssen Sie wiederholen! Aber wie?

## Dies ist ein Kurs, kein Lehrbuch!

Hier können Sie besser und viel intensiver lernen: Sie erhalten laufend *Fälle* und *Aufgaben* mit besprochenen *Musterlösungen*. Sie werden angeregt, sie selbst zu lösen. Sie erhalten systematisch alle *Schwierigkeitsgrade* - von ganz leicht bis Prüfungsniveau. So lernen Sie, Ihr frisch erarbeitetes Wissen anzuwenden und können sich gleichzeitig langsam in das Thema hineintasten. Sie werden bewusst zur Mitarbeit angeregt, indem Sie aufgefordert werden, die *Lösungen* in den vorgesehenen Platz zu notieren. Machen Sie davon Gebrauch! Damit trainieren und wiederholen Sie.

Die Piktogramme am Rand zeigen Ihnen auf einem Blick, was zu dem zugehörigen Absatz noch zu sagen ist:

Eine Birne am Rand wie in diesem Absatz weist Sie auf wichtige Informationen oder auf einen Aha-Effekt hin. Das soll Sie aber nicht abhalten, den Rand mit eigenen Vermerken zu „verzieren" - Fragezeichen, Ausrufezeichen, Doppelstriche, Schlangenlinien. Dieses Kursheft ist *Ihr* Heft, und je mehr es Ihr eigenes Gepräge bekommt, umso mehr finden Sie sich darin zurecht und umso besser lernen Sie. Es sind manchmal auch *Hilfen* eingebaut. Diese sind in dem einen oder anderen Falle für Sie entbehrlich - aber für andere sicherlich wichtig.

An vielen Stellen sehen Sie ein Notizbuch – diese Absätze sollten Sie, zumindest wenn Sie noch vor der Prüfung stehen, unbedingt wiedergeben können! Das muss natürlich nicht auswendig sein, es reicht aus, wenn Sie den Inhalt mit eigenen Worten formulieren können. Wer diese Absätze nicht gelernt hat, ist selber schuld! Was Sie in einem solchen Absatz finden, ist wichtig und wird auch in der Zwischen- oder Abschlussprüfung immer wieder mal abgefragt.

## Fragen über Fragen!

Am Ende eines jeden Kapitels finden Sie Fragen zu dem jeweiligen Thema. Beantworten Sie diese Fragen laut! Markieren Sie die Richtigkeit der Antworten jeweils mit einem Strich am Rand! Nehmen Sie sich vor, den Kurs erst abzuschließen, wenn Sie bei jeder Frage drei Striche haben setzen können. Die Fragen sind auch deshalb wichtig, weil sie gleichzeitig eine Person ersetzen, die Sie abfragt - denn wer hat einen solchen hilfreichen Geist schon stets zur Hand? Und was hatten wir oben gesagt? Was Sie nicht wiederholen wollen, brauchen Sie erst gar nicht zu lernen.

## Der Trainingsteil

Sie wollen ja lernen, aber ohne dass Sie einschlägige Aufgaben lösen, geht es nicht. Wie bereits gesagt: Anwenden müssen Sie können, und Wiederholung ist nötig. Deshalb finden Sie in der Regel am Ende eines jeden Kapitels einen sog. Trainingsteil. Nutzen Sie die Möglichkeit der Selbstüberprüfung, der Vertiefung und der Festigung. Sehen Sie die Lösungen der Aufgaben als „inneren Rechenschaftsbericht" an: Haben Sie das Thema verstanden oder nicht? Nur beim Lösen finden Sie die Antwort!

Haben Sie Anregungen, Kritik, vor allem aber: Verbesserungsvorschläge? Dann mailen Sie mir:

Karsten.Roeser@t-online.de

Und nun wünsche ich Ihnen:

### Viel Erfolg!

*Neuss, im August 2000*                    *Karsten Roeser*

# Inhaltsverzeichnis

# Abkürzungsverzeichnis

| | |
|---|---|
| **Abs.** | Absatz |
| **AG** | Aktiengesellschaft, Amtsgericht |
| **AVAG** | Anerkennungs- und Vollstreckungsausführungsgesetz |
| | |
| **BAG** | Bundesarbeitsgericht |
| **BB** | Betriebs - Berater |
| **Bekl.** | Beklagter |
| **BGB** | Bürgerliches Gesetzbuch |
| **BGBl** | Bundesgesetzblatt |
| **BGH** | Bundesgerichtshof |
| **BRAGO** | Bundesrechtsanwaltsgebührenordnung |
| **BRAO** | Bundesrechtsanwaltsordnung |
| **BSG** | Bundessozialgericht |
| **BVerfG** | Bundesverfassungsgericht |
| **BVerwG** | Bundesverwaltungsgericht |
| | |
| **d. J.** | des/dieses Jahres |
| **DÜG** | Diskontsatz-Überleitungs-Gesetz |
| | |
| **EB** | Empfangsbekenntnis |
| **e. V.** | Eingetragener Verein |
| | |
| **FGG** | Gesetz über die Angelegenheiten der freiwilligen Gerichtsbarkeit |
| | |
| **GBO** | Grundbuchordnung |
| **GKG** | Gerichtskostengesetz |
| **GmbHG** | Gesetz betreffend die Gesellschaften mit beschränkter Haftung |
| **GmbH** | Gesellschaft mit beschränkter Haftung |
| **GV** | Gerichtsvollzieher |
| **GVG** | Gerichtsverfassungsgesetz |
| **GvKostG** | Gesetz über Kosten der Gerichtsvollzieher |
| | |
| **HGB** | Handelsgesetzbuch |
| **HS.** | Halbsatz |
| | |
| **i. d. R.** | in der Regel |
| **i. e. S.** | im engeren Sinne |
| **InsO** | Insolvenzordnung |
| **i. w. S.** | im weiteren Sinne |

| | |
|---|---|
| **Kap.** | Kapitel |
| **KFB** | Kostenfestsetzungsbeschluss |
| **KfH** | Kammer für Handelssachen |
| **KG** | Kommanditgesellschaft |
| **LG** | Landgericht |
| **MB** | Mahnbescheid |
| **NJW** | Neue Juristische Wochenschrift |
| **OHG** | Offene Handelsgesellschaft |
| **OLG** | Oberlandesgericht |
| **OVG** | Oberverwaltungsgericht |
| **PfÜB** | Pfändungs- und Überweisungsbeschluss |
| **PKH** | Prozesskostenhilfe |
| **PZU** | Postzustellungsurkunde |
| **RA** | Rechtsanwalt |
| **RPflG** | Rechtspflegergesetz |
| **S.** | Satz; Seite |
| **ScheckG** | Scheckgesetz |
| **s. o.** | siehe oben |
| **s. u.** | siehe unten |
| **VA** | Vollstreckungsauftrag |
| **VB** | Vollstreckungsbescheid |
| **VerbrKG** | Verbraucherkreditgesetz |
| **vgl.** | vergleiche |
| **VG** | Verwaltungsgericht |
| **VO** | Verordnung |
| **VU** | Versäumnisurteil |
| **VwGO** | Verwaltungsgerichtsordnung |
| **WG** | Wechselgesetz |
| **ZIP** | Zeitschrift für Wirtschaftsrecht |
| **ZPO** | Zivilprozessordnung |
| **ZU** | Zustellungsurkunde |
| **ZVG** | Gesetz über die Zwangsversteigerung und Zwangs-verwaltung |

# 1 Der Einstieg: Schnellkurs

Die häufigsten Kostenrechnungen, die im Zivilprozess liquidiert werden, können Sie bereits mit den in Kurs 1 erworbenen Kenntnissen erstellen[1]. Die Regelgebühren, die im Zivilprozess entstehen können, werden als die wichtigsten Gebühren für den Rechtsanwalt überhaupt angesehen. Ähnlich verhält es sich aber auch mit den hier besprochenen Gebühren, die bei der außergerichtlichen Tätigkeit des Rechtsanwalts anfallen können. Denn das sind die beiden Tätigkeitsbereiche des Rechtsanwalts: die forensische (gerichtliche) und die außergerichtliche, d. h. vorsorgende Rechtsbetreuung.

Gehen wir also einmal von einem Fall aus, wie er immer wieder in der täglichen Praxis vorkommen wird, der andererseits aber auch oft in der Zwischenprüfung gestellt wird:

## 1.1 Die in § 118 BRAGO geregelten Gebühren (Überblick)

Nehmen wir einmal folgenden Fall:

**Fall 1 (Der Verkehrsunfall)**

Martens beauftragt Rechtsanwalt Rasche, für ihn in einer Verkehrsunfallsache tätig zu werden, jedoch noch keine Klage einzureichen. Es handelt sich um Schadensersatzansprüche in Höhe von 5.500,00 DM gegen eine Stadt als Träger der Straßenbaulast und Verkehrssicherungspflicht. Ein anwaltliches Aufforderungsschreiben bleibt ohne Erfolg. In einem Telefongespräch erörtert Rechtsanwalt Rasche mit der Stadt die Sach- und Rechtslage, und schließlich findet sich die Stadt bereit, die geltend gemachte Forderung zu zahlen. - Welche Kosten kann Rechtsanwalt Rasche berechnen?

Der Ausgangsfall

---

[1] siehe in derselben Kursreihe Karsten Roeser, Gebühren im Zivilprozess. Grundlagen und Regelgebühren, Gabler Verlag

Schauen Sie sich zur Lösung dieses Falles einmal die in § 118 BRAGO geregelten Gebühren an!

**In § 118 BRAGO sind folgende Gebühren geregelt:**

die **Geschäftsgebühr** „für das Betreiben des Geschäfts einschließlich der Information, des Einreichens, Fertigens oder Unterzeichnens von Schriftsätzen oder Schreiben" (§ 118 I Nr. 1 BRAGO)

die **Besprechungsgebühr** „für das Mitwirken bei mündlichen Verhandlungen oder Besprechungen über tatsächliche oder rechtliche Fragen" (§ 118 I Nr. 2 BRAGO)

und schließlich eine **Beweisaufnahmegebühr** „für das Mitwirken bei Beweisaufnahmen, die von einem Gericht oder von einer Behörde angeordnet worden sind" (§ 118 I Nr. 3 BRAGO).

Welche Gebühren sind in unserem Ausgangsfall nun entstanden? Rechtsanwalt Rasche war zunächst einmal mit der außergerichtlichen Geltendmachung von Schadensersatzansprüchen beauftragt worden.

Geschäftsgebühr?     Er hat damit für den Mandanten ein „*Geschäft*" betrieben, „Informationen" verarbeitet sowie Schriftsätze gefertigt und unterzeichnet (§ 118 I 1 BRAGO).

Besprechungs-
gebühr?     Er hat weiterhin mit der Gegnerin „*Besprechungen* über tatsächliche oder rechtliche Fragen ... im Einverständnis mit dem Auftraggeber ... mit dem Gegner" durchgeführt (§ 118 I 2 BRAGO).

Beweisaufnahme-
gebühr?     Für das Mitwirken bei einer angeordneten *Beweisaufnahme* (§ 118 I 3 BRAGO) liegen keine Anhaltspunkte vor. Eigentlich könnte damit schon die Kostenrechnung schon erstellt werden - nur in welcher Höhe sind die Gebühren anzusetzen?

## 1.2    Die Rahmengebühr

§ 118 I BRAGO gibt einen Gebührenrahmen vor: Der Rechtsanwalt erhält nach dieser Vorschrift 5/10 bis 10/10 der vollen Gebühr. Wegen dieses vom Gesetzgeber vorgegebenen Gebührensatzrahmens nennt man diese Gebühr auch *Rahmengebühr*. Da der Mindestgebührensatz 5/10 beträgt, nennt man ihn *Mindestgebühr*, der höchste Gebührensatz (10/10) heißt dementsprechend *Höchstgebühr*. Liegen keine weiteren Anhaltspunkte vor, so wählt man in der Regel eine sogenannte *Mittelgebühr*.

**Diese Mittelgebühr errechnet sich wie folgt:**

$$\frac{\text{Höchstgebühr} + \text{Mindestgebühr}}{2} = \text{Mittelgebühr}$$

Berechnung der Mittelgebühr

Für die in **§ 118 BRAGO** geregelten Gebühren bedeutet das, dass die Mittelgebühr hier 7,5/10 beträgt (15 : 2).

Eine solche weitere Rahmengebühr finden Sie z. B. auch in **§ 20 I 1 BRAGO geregelt (Gebühr für Rat und Auskunft).** Hier beträgt der Gebührenrahmen zwischen 1/10 und 10/10. Eine korrekt errechnete Mittelgebühr würde hier also nicht 5/10, sondern 1/10 + 10/10 = 11/10 : 2 = 5,5/10 betragen!

Eine weitere Rahmengebühr

Gehen wir bei der Kostenrechnung für unseren Fall zunächst von dem Regelfall, d. h. von einer *Mittelgebühr* aus. Versuchen Sie einmal selbst die Lösung. Für den Anfang sind einige Hilfen vorgesehen. Die richtige Lösung sehen Sie auf Seite 21.

**Ihre Lösung zu Fall 1:**

| | |
|---|---|
| Gegenstandswert: | 5.500,00 DM |
| 7,5/10 | |
| 7,5/10 | |
| Postentgelte, §§ 11, 26 BRAGO | |
| 16 % Umsatzsteuer, § 25 II BRAGO | 96,42 DM |
| Summe: | 699,02 DM |

Zu den Postentgelten und der Umsatzsteuer siehe unseren Kurs 1[2].

---

[2] siehe in derselben Kursreihe Karsten Roeser, Gebühren im Zivilprozess. Grundlagen und Regelgebühren, Gabler Verlag

## 1.3   Die Bestimmung des Gebührensatzes nach § 12 BRAGO

Vier Kriterien für die Ausübung des billigen Ermessens nach § 12 BRAGO

Welcher Gebührensatz ist aber nun bei solchen Rahmengebühren anzuwenden? Schließlich beträgt der Unterschied zwischen 5/10 und 10/10 immerhin 100 %, bei einem Gebührenrahmen von 1/10 bis 10/10 kann der Rechtsanwalt gar bei demselben Streitwert dem Mandanten A das Zehnfache liquidieren von dem Betrag, den er dem Mandanten B in Rechnung gestellt hat!

Für die Ermittlung der Höhe eines Gebührensatzes bei den Rahmengebühren gibt § 12 BRAGO eine gewisse Hilfestellung. Nach dieser Vorschrift bestimmt der Rechtsanwalt bei Rahmengebühren die Gebühr im Einzelfall unter Berücksichtigung aller Umstände nach **billigem Ermessen**. Da der Begriff „billiges Ermessen" sehr unscharf ist, hat der Gesetzgeber hierfür vier Kriterien genannt, die eine Heraufsetzung oder Herabsetzung des Gebührensatzes innerhalb des Rahmens von 5/10 bis 10/10 rechtfertigen können:

**Die vier Kriterien für die Ausübung des billigen Ermessens bei den Rahmengebühren:**

- Die *Bedeutung* der Angelegenheit
- Der *Umfang* der Angelegenheit
- Die *Schwierigkeit* der anwaltlichen Tätigkeit
- Die *Vermögens- und Einkommensverhältnisse* des Auftraggebers

Diese Kriterien werden nachfolgend noch einmal genauer beschrieben:

### 1.3.1   Die Bedeutung der Angelegenheit

- Bei diesem Kriterium sind die weiteren *Auswirkungen* der Angelegenheit auf die *wirtschaftlichen Verhältnisse* des Auftraggebers zu beachten, auf seine Stellung in der Gesellschaft *(Hansens, BRAGO, § 12 RdNr. 8)*.

- Weitere Gesichtspunkte können der drohende *Verlust der beruflichen Existenz* sein *(LG Flensburg, JurBüro 84, 1038)*

- ein drohender *Führerscheinentzug für Berufskraftfahrer* *(LG Flensburg, JurBüro 86, 1216)*

- oder eventuelle *nachfolgende Disziplinarmaßnahmen* beim Beamten.

## 1.3.2 Der Umfang der Angelegenheit

Dieses Kriterium bemisst sich vor allem an dem *zeitlichen Aufwand*, den der Rechtsanwalt in dieser Angelegenheit verwenden musste.

Umstände, die für eine Berücksichtigung des zeitlichen Aufwandes sprechen, sind z. B.:

- Wartezeiten vor Beginn von Verhandlungen

- der für die Einarbeitung in die Angelegenheit erforderliche zeitliche Aufwand
  *(Sind umfangreiche Akten durchzuarbeiten? Sind viel oder wenig Schriftstücke vorhanden?)*
  und schließlich

- eine eventuell erforderliche Beweisaufnahme

*Umstände für den Umfang der Angelegenheit*

## 1.3.3 Die Schwierigkeit der anwaltlichen Tätigkeit

Unter diesem Kriterium versteht man die Intensität der Arbeit *(Hansens, BRAGO, § 12, RdNr. 10)*. Es geht also hierbei um die Frage, ob der Rechtsanwalt bei der Bearbeitung der Angelegenheit über den Normalfall hinausgehende Probleme zu bewältigen hat.

**Bei dem Kriterium „Schwierigkeit der anwaltlichen Tätigkeit" sind insbesondere zu berücksichtigen:**

- besondere *rechtliche* Probleme

- vorhandene *sprachliche* Probleme wenn also z. B. Fremdsprachenkenntnisse des Rechtsanwalts erforderlich sind

- *psychische* Probleme (ein psychiatrischer Sachverständiger muss hinzugezogen werden)

- und Probleme in *tatsächlich* schwierig gelagerten Fällen (die tatsächlichen Umstände sind kompliziert, Sachverständigengutachten müssen eingeholt werden und dergleichen).

*Umstände, die für die Schwierigkeit der Angelegenheit sprechen*

### 1.3.4   Die Vermögens- und Einkommensverhältnisse des Auftraggebers

Maßgeblich sind die Einkommensverhältnisse des Auftraggebers, also des eigenen Mandanten. Bei der Berücksichtigung dieses Kriteriums müssen die wirtschaftlichen Verhältnisse des erstattungspflichtigen Gegners unberücksichtigt bleiben *(LG Nürnberg-Fürth JurBüro 85, 869)*. Das gilt auch, wenn der Gegner die Staatskasse ist. Einem Mandanten, der über ein geringes Einkommen verfügt, wird man einen geringeren Gebührensatz in Rechnung stellen. In die Überlegungen ist allerdings auch einzubeziehen, ob der Mandant einen Anspruch gegen eine Rechtsschutzversicherung hat.

### 1.3.5   Unbillige Bestimmung

Nach § 12 I 2 BRAGO ist die von dem Rechtsanwalt getroffene Bestimmung (des Gebührensatzes) nicht verbindlich, wenn sie unbillig ist und die Gebühr von einem Dritten zu ersetzen ist. Dritter in diesem Sinne ist der erstattungspflichtige Gegner. Wann die Bestimmung der Höhe der Gebühr innerhalb des Gebührenrahmens unbillig ist, richtet sich nach den Umständen des Einzelfalls.

Missbrauch des billigen Ermessens

Maßgeblich ist hierfür das in § 12 Abs. 1 Satz 1 BRAGO vorgegebene „billige Ermessen" mit den soeben besprochenen Kriterien. Ein *Missbrauch* dieses Ermessens wird von der Rechtsprechung in der Regel dann bejaht, wenn die vom Rechtsanwalt bestimmte Gebühr die billige Gebühr um mehr als **20 %** übersteigt *(OLG Düsseldorf NStZ 90, 287; VGH Kassel MDR 92, 910; OLG Köln JurBüro 94,31)*.

Andere Gerichte rügen jedoch bereits eine Überschreitung von 10 % *(LG Krefeld JurBüro 85, 397)*.

Wieder eine andere Auffassung geht von der Mittelgebühr aus und hält ihre Überschreitung dann für unbillig, wenn keine der besprochenen, in § 12 I 1 BRAGO genannten Umstände dies rechtfertigt *(OLG Koblenz JurBüro 89, 198)*.

Gutachten im Rechtsstreit

Im Rechtsstreit über die Höhe der Gebühr hat das Gericht ein Gutachten des Vorstandes der Rechtsanwaltskammer einzuholen (§ 12 II 1 BRAGO). Dieses Gutachten ist kostenlos zu erstatten. Ein solches Gutachten ist jedoch nur dann einzuholen, wenn es sich um einen Honorarprozess zwischen dem Rechtsanwalt und seinem Auftraggeber handelt und wenn die Höhe der vom Rechtsanwalt bestimmten Gebühr im Streit ist.

Dieses Gutachten ist kein Sachverständigengutachten im Sinne von § 411 I ZPO, sondern es stellt lediglich ein besonderes Informationsmittel des Gerichtes dar. Dem Rechtsanwalt entsteht also insoweit für die Mitwirkung bei der Einholung des Gutachtens keine Beweisgebühr.

Wir haben nun besprochen, welche Gebühren in § 118 BRAGO geregelt sind und in welcher Höhe der Gebührensatz innerhalb des vorgegebenen Gebührenrahmens zu bestimmen ist. Geht aus unseren Fällen nichts anderes hervor, so gehen wir bei der Lösung grundsätzlich immer von einer Mittelgebühr (7,5/10) aus. Damit haben wir alles besprochen, was für die Lösung unseres Ausgangsfalles erforderlich ist. Sollten Sie sich noch nicht sicher fühlen, so ist das nicht schlimm - wir stehen ja erst am Anfang des Kursheftes, die einzelnen Gebühren werden wir uns noch genau ansehen!

**Lösung zu Fall 1**

Gegenstandswert: 5.500,00 DM

| | |
|---|---:|
| 7,5/10 Geschäftsgebühr, §§ 11, 12, 118 I 1 BRAGO | 281,30 DM |
| 7,5/10 Besprechungsgebühr, §§ 11, 12, 118 I 2 BRAGO | 281,30 DM |
| Postentgelte, §§ 11, 26 BRAGO | 40,00 DM |
| 16 % Umsatzsteuer, § 25 II BRAGO | 96,42 DM |
| Summe: | 699,02 DM |

# 1.4   Die Berechnung von Bruchteilsgebühren

Eine 7,5/10 Mittelgebühr brauchen wir nicht zu berechnen - wir lesen sie aus der Gebührentabelle ab, in der diese Bruchteilsgebühr in der Regel enthalten ist. Schauen Sie sich aber einmal die Gebührentabelle zu § 11 BRAGO im Wortlaut an. Hier sehen Sie lediglich die DM-Beträge einer vollen (10/10) Gebühr. Die in der Gebührentabelle im Anhang auf Seite 137 enthaltenen Bruchteilsgebühren (3/10, 7,5/10, 13/10 und 15/10) sind lediglich Berechnungen auf der Basis dieser 10/10-Gebühr.

## BEISPIEL 1:

Wollen Sie also im Rahmen des § 118 BRAGO z. B. eine 8/10 Gebühr von einem Gegenstandswert in Höhe von 1.000 DM berechnen, so entnehmen Sie der Gebührentabelle den Betrag für eine volle Gebühr (90 DM) und multiplizieren Sie diese einfach mit 8/10: Geben Sie in den Rechner „x .8" ein, und Sie erhalten 72 DM als Ergebnis.

Die Rechenmethode

## BEISPIEL 2

Wie hoch ist eine 2/10-Gebühr von 500 DM? (Denken Sie bei dieser Bruchteilsgebühr an § 20 I 1 BRAGO, danach besteht ja ein Gebührenrahmen zwischen 1/10 und 10/10!). Denken Sie aber auch an § 11 BRAGO!

Der Rechenweg: 50 DM x 0,2 = 10 DM. Dieses kann jedoch nicht das richtige Ergebnis sein, weil nach § 11 II 1 BRAGO eine Gebühr, und damit ist auch eine Bruchteilsgebühr gemeint, mindestens 20 DM beträgt (*Mindestgebühr*). Das Ergebnis lautet also, Rechenmethode hin, Rechenmethode her, nicht 10 DM, sondern 20 DM.

Weitere Aufgaben hierzu folgen sogleich:

## 1.5   Trainingsteil

**Aufgabe 1**

**Wie viel DM betragen die Gebühren bei den nachfolgend angegebenen Gebührensätzen und Gegenstandswerten:**

|      | Gebührensatz |     | Gegenstandswert | Gebühr in DM |
|------|--------------|-----|-----------------|--------------|
| a)   | 2/10         | von | 500,00 DM       |              |
| b)   | 4/10         | von | 1.000,00 DM     |              |
| c)   | 8/10         | von | 2.410,00 DM     |              |
| d)   | 1/10         | von | 85.000,00 DM    |              |
| e)   | 13/20        | von | 350.000,00 DM   |              |
| f)   | 15/10        | von | 890.000,00 DM   |              |

Erstellen Sie die Kostenrechnungen in den nachfolgenden Fällen auf den zugehörigen Linien. Vergleichen Sie dann Ihre Lösung mit der Lösung auf Seite 27.

**Aufgabe 2**

Martens beauftragt Rechtsanwalt Rasche, für ihn wegen einer nicht bezahlten Kaufpreisrechnung in Höhe von 2.000,00 DM tätig zu werden, jedoch noch keine Klage einzureichen. Ein anwaltliches Aufforderungsschreiben bleibt ohne Erfolg. Bei einer Sachstandsanfrage des Rechtsanwalts erfährt dieser, dass er den Schadensbetrag in ca. vier Wochen überwiesen bekommen werde. Das geschieht dann auch.

**Ihre Lösung:**

Gegenstandswert: 2.000,00 DM

...................................................................................................................................

...................................................................................................................................

...................................................................................................................................

**Aufgabe 3**

Martens beauftragt Rechtsanwalt Rasche, für ihn außergerichtlich in einer Schadensersatzangelegenheit tätig zu werden. Ein anwaltliches Aufforderungsschreiben bleibt ohne Erfolg. Schließlich erörtert Rechtsanwalt Rasche telefonisch mit dem Gegner die Sach- und Rechtslage. Daraufhin wird gezahlt. Gegenstandswert: 12.500,00 DM.

**Ihre Lösung:**

...................................................................................................................................

...................................................................................................................................

...................................................................................................................................

...................................................................................................................................

...................................................................................................................................

...................................................................................................................................

## 1.6   Testen Sie sich selbst: Test- und Prüfungsfragen

**1.    Welche Gebühren sind in § 118 BRAGO geregelt?**

In § 118 sind geregelt: die Geschäftsgebühr, Besprechungsgebühr und die Beweisaufnahmegebühr.

**2.    Welche Gebührenart enthält § 118 BRAGO?**

In § 118 BRAGO sind Rahmengebühren geregelt.

**3.    Nennen Sie den Gebührenrahmen des § 118 BRAGO!**

Der Gebührenrahmen beträgt 5/10 (Mindestgebühr) bis 10/10 (Höchstgebühr) der vollen Gebühr.

**4.    Wie hoch ist der Gebührensatz der Mittelgebühr nach § 118 BRAGO?**

Die Mittelgebühr beträgt hier 7,5/10.

**5.    Wie berechnet man die Mittelgebühr?**

$$\frac{\text{Höchstgebühr} + \text{Mindestgebühr}}{2} = \text{Mittelgebühr}$$

**6.    Für welche Tätigkeit entsteht die Geschäftsgebühr und nach welcher Vorschrift genau?**

Die Geschäftsgebühr entsteht „für das Betreiben des Geschäfts einschließlich der Information, des Einreichens, Fertigens oder Unterzeichnens von Schriftsätzen oder Schreiben" (§ 118 I Nr. 1 BRAGO).

**7.    Für welche Tätigkeit und nach welcher Vorschrift entsteht die Besprechungsgebühr?**

Die Besprechungsgebühr entsteht „für das Mitwirken bei mündlichen

Verhandlungen oder Besprechungen über tatsächliche oder rechtliche Fragen" (§ 118 I Nr. 2 BRAGO).

**8.  Welche Gebühr ist in § 118 BRAGO noch geregelt?**

§ 118 BRAGO regelt noch die Beweisaufnahmegebühr „für das Mitwirken bei Beweisaufnahmen, die von einem Gericht oder von einer Behörde angeordnet worden sind" (§ 118 I Nr. 3 BRAGO).

**9.  Wie viel Zehntel beträgt die Mittelgebühr bei einem Gebührenrahmen von 1/10 bis 10/10?**

5,5/10

**10.  Wonach bestimmt sich der Gebührensatz bei einer Rahmengebühr?**

Der Gebührensatz bei einer Rahmengebühr bestimmt sich nach billigem Ermessen.

**11.  In welcher Vorschrift sind die Kriterien hierfür geregelt?**

Die Kriterien für die Höhe des Gebührensatzes bei den Rahmengebühren sind in § 12 BRAGO geregelt.

**12.  Welche Kriterien nennt diese Vorschrift?**

§ 12 BRAGO nennt vier Kriterien:
1. die Bedeutung der Angelegenheit.
2. der Umfang der Angelegenheit
3. die Schwierigkeit der anwaltlichen Tätigkeit
4. die Vermögens- und Einkommensverhältnisse des Auftraggebers.

**13.  Nennen Sie Gesichtspunkte für die Beurteilung der „Bedeutung der Angelegenheit" im Sinne des § 12 BRAGO!**

Bei diesem Kriterium sind die weiteren Auswirkungen der Angelegenheit auf die wirtschaftlichen Verhältnisse des Auftraggebers zu beachten, auf seine Stellung in der Gesellschaft, der drohende Verlust der beruflichen Existenz, ein drohender Führerscheinentzug für Berufskraftfahrer oder eventuelle nachfolgende Disziplinarmaßnahmen beim Beamten.

**14.** **Welche Gesichtspunkte sind bei der Beurteilung des Umfangs der Angelegenheit heranzuziehen?**

Dieses Kriterium bemisst sich vor allem an dem zeitlichen Aufwand, den der Rechtsanwalt in dieser Angelegenheit verwenden musste. Beispiele: Wartezeiten vor Beginn von Verhandlungen, der für die Einarbeitung in die Angelegenheit erforderliche zeitliche Aufwand und eine eventuell erforderliche Beweisaufnahme.

**15.** **Welche Umstände sind bei dem Kriterium „Schwierigkeit der anwaltlichen Tätigkeit" zu berücksichtigen?**

Unter diesem Kriterium versteht man die Intensität der Arbeit, ob also der Rechtsanwalt bei der Bearbeitung der Angelegenheit über den Normalfall hinausgehende Probleme zu bewältigen hat. Das ist der Fall bei besonderen rechtlichen, sprachlichen, psychischen und tatsächlich schwierig gelagerten Problemen.

**16.** **Sind bei dem Kriterium „Vermögens- und Einkommensverhältnisse des Auftraggebers" auch die wirtschaftlichen Verhältnisse des erstattungspflichtigen Gegners zu berücksichtigen?**

Nein, der Wortlaut beschränkt sich ausschließlich auf die Vermögens- und Einkommensverhältnisse des Auftraggebers selbst.

**17.** **Ist bei den Vermögens- und Einkommensverhältnissen des Auftraggebers im Sinne des § 12 BRAGO auch zu berücksichtigen, dass der Mandant einen Anspruch gegen eine Rechtsschutzversicherung hat?**

Ja, es sind alle Vermögensverhältnisse zu berücksichtigen.

**18.** **Wann geht man überwiegend von einem Missbrauch des billigen Ermessens aus?**

Wann die Bestimmung der Höhe der Gebühr innerhalb des Gebührenrahmens unbillig ist, richtet sich nach den Umständen des Einzelfalls. Überwiegend geht man von einer Unbilligkeit aus beim Überschreiten der billigen Gebühr um mehr als 20 %.

**19.** **Wann ist ein Gutachten des Vorstandes der Rechtsanwaltskammer einzuholen?**

Im Rechtsstreit über die Höhe der Gebühr

**20.   Was kostet dieses Gutachten?**

Das Gutachten ist kostenlos.


# 1.7   Lösungen zum Trainingsteil

### Lösung zu Aufgabe 1

a)  Das Ergebnis lautet nicht 10 DM, sondern 20 DM, weil die in § 11 BRAGO vorgeschriebene Mindestgebühr von 20 DM nicht unterschritten werden darf!

b)  4/10 von 1.000 DM sind 36 DM (90 DM X 4 : 10 bzw. 90 DM X 0,4)

c)  168,00 DM

d)  198,50 DM

e)  2.317,30 DM

f)  8.962,50 DM


### Lösung zu Aufgabe 2

Gegenstandswert: 2.000,00 DM

| | |
|---|---:|
| 7,5/10 Geschäftsgebühr, §§ 11, 12, 118 I 1 BRAGO | 127,50 DM |
| Postentgelte, §§ 11, 26 BRAGO | 19,20 DM |
| 16 % Umsatzsteuer, § 25 II BRAGO | 23,47 DM |
| Summe: | 170,17 DM |

Eine Besprechungsgebühr kann nicht berechnet werden, weil RA Rasche die Sach- und Rechtslage nicht mit dem Gegner besprochen hat. Eine bloße Sachstandsanfrage ist keine Besprechung.

**Lösung zu Aufgabe 3**

Gegenstandswert: 12.500,00 DM

| | |
|---|---:|
| 7,5/10 Geschäftsgebühr, §§ 11, 12, 118 I 1  BRAGO | 551,30 DM |
| 7,5/10 Besprechungsgebühr, §§ 11, 12, 118 I 2  BRAGO | 551,30 DM |
| Postentgelte, §§ 11, 26 BRAGO | 40,00 DM |
| 16 % Umsatzsteuer, § 25 II BRAGO | 182,82 DM |
| Summe: | 1.325,42 DM |

Hier wurde die Sach- und Rechtslage besprochen, also entsteht auch eine Besprechungsgebühr.

# 2 Die außergerichtlichen Standardgebühren: Die Gebühren nach § 118 BRAGO

Das Besondere an den Regelgebühren kennen Sie bereits aus dem ersten Kurs: Sie entstehen grundsätzlich im Zivilprozess, d. h. „in der Regel". Ein Prozess ohne die Prozessgebühr ist nicht denkbar. Was ist aber an den Gebühren nach § 118 BRAGO so Besonderes? Wie die Regelgebühren des § 31 BRAOG Standard im Zivilprozess sind, so sind die Gebühren des § 118 BRAGO Standard vor allem für die außergerichtliche Tätigkeit des Rechtsanwalts.

## 2.1 Der Anwendungsbereich

Wenn die Regelgebühren nicht anwendbar sind, dann werden es häufig die Gebühren nach § 118 BRAGO sein. Sie sind die wichtigsten Gebühren und damit die Königsgebühren außerhalb des Zivilprozesses. Nach dem Wortlaut des ersten Absatzes ist diese Vorschrift anwendbar „in anderen als den im dritten bis elften Abschnitt geregelten Angelegenheiten". Die im zwölften Abschnitt geregelten Gebühren nach § 118 BRAGO können also in allen anderen Fällen entstehen. Folgende Angelegenheiten kommen in Betracht:

### 2.1.1 Der wichtigste Anwendungsfall: Die außergerichtlichen Tätigkeiten und die vorsorgende Rechtsbetreuung

**Wird der Rechtsanwalt lediglich außergerichtlich tätig, so ist denkbar die**

- Teilnahme an *Vertragsverhandlungen*
- und an *Gesellschaftsversammlungen*
- die Mitwirkung bei *Gesellschaftsgründungen*
- die Formulierung von *Verträgen*

Beispiele für die Anwendbarkeit des § 118

- und von *einseitigen Erklärungen*, z. B. einer Vereinssatzung *(OLG Karlsruhe, JurBüro 86, 1049)*. In Anwaltsnotariaten bzw. bei Notaranwälten (also in ReNo-Kanzleien) ist jedoch zu prüfen, ob es sich überhaupt um eine Anwaltstätigkeit handelt, denn nur dann ist § 118 BRAGO anwendbar.

- Auch das Entwerfen von *Geschäfts- und Lieferungsbedingungen* oder ähnlichen Klauseln

- sowie (einer der wichtigsten Fälle!) die *außergerichtliche Regelung von Schadensersatzansprüchen*, z. B. mit der gegnerischen Versicherung oder

- das Führen von außergerichtlichen *Verhandlungen* zur Durchsetzung weiterer Ansprüche des Mandanten, z. B. bei *Wettbewerbsverstößen* (etwa *Abmahnschreiben*) sowie

- Tätigkeiten vor den *Gerichten von Sportverbänden* oder *Vereinen*, sofern sie nicht zu den Berufsgerichten gehören, fallen ebenso hierunter wie die Anfertigung von *Gegendarstellungen* nach den Landespressegesetzen. Weiterhin wird von § 118 BRAGO umfasst

- die Besorgung einer *Deckungszusage der Versicherung* des Mandanten

- die nichtstreitige *Steuerberatung* und

- die Wahrnehmung *außergerichtlicher Vergleichsverhandlungen*, sofern der Rechtsanwalt insoweit noch keinen Prozessauftrag erhalten hatte.

### 2.1.2 Angelegenheiten der freiwilligen Gerichtsbarkeit

In diesen Angelegenheiten ist ebenfalls vorab zu prüfen, ob in einer ReNo-Kanzlei diese Angelegenheiten wirklich zur Anwaltstätigkeit zählen. Wann ein Anwaltsnotar bzw. Notaranwalt als Rechtsanwalt oder als Notar tätig wird, regelt § 24 BNotO:

Wann ist ein ReNo als Notar, wann als Rechtsanwalt tätig?

**§ 24 BNotO**

(1) Zu dem Amt des Notars gehört auch die sonstige Betreuung der Beteiligten auf dem Gebiete vorsorgender Rechtspflege, insbesondere die Anfertigung von Urkundenentwürfen und die Beratung der Beteiligten. Der Notar ist auch, soweit sich nicht aus anderen Vorschriften Beschränkungen ergeben, in diesem Umfange befugt, die Beteiligten vor Gerichten und Verwaltungsbehörden zu vertreten.

> (2) Nimmt ein Notar, der zugleich Rechtsanwalt ist, Handlungen der in Absatz 1 bezeichneten Art vor, so ist anzunehmen, dass er als Notar tätig geworden ist, wenn die Handlung bestimmt ist, Amtsgeschäfte der in den §§ 20 bis 23 bezeichneten Art vorzubereiten oder auszuführen. Im Übrigen ist im Zweifel anzunehmen, dass er als Rechtsanwalt tätig geworden ist.

Aus Absatz 2 dieser Vorschrift folgt: Nimmt der Anwaltsnotar eine der in Absatz 1 genannten Tätigkeiten vor, so gilt die **unwiderlegliche Vermutung** (bei der also ein Gegenbeweis nicht möglich ist), dass er als Notar tätig geworden ist. Ist das jedoch nicht der Fall, so ist „*im Zweifel* anzunehmen", dass eine *anwaltliche* Tätigkeit gegeben ist (Abs. 2 Satz 2). Eine anwaltliche Tätigkeit kann also in folgenden FGG-Verfahren angenommen werden:

*Die unwiderlegliche Vermutung für eine notarielle Tätigkeit*

**Beispiele für anwaltliche Tätigkeiten im Rahmen des FGG**

- bei der *Untersuchung* und *Verwahrung* von Sachen, beim *Pfandverkauf* (§§ 164 ff. FGG)
- In *Nachlass- und Teilungssachen* (§§ 72 bis 99 FGG)
- in Verfahren auf *Annahme als Kind* (§§ 1741 ff. BGB) und auf Annahme als Volljähriger (§ 1768 ff. BGB)
- in *Vormundschafts- und Pflegschaftssachen* einschließlich der *Befreiung von Eheverboten* (§ 4 III EheG) und der *Ehemündigkeit* (§ 1 II EheG)
- in *Aufgebotsverfahren* bei Todeserklärungen (§§ 13 ff. VerschollenheitsG)
- bei der freiwilligen *Versteigerung von Wohnungseigentum* (§§ 53 ff. WEG)
- In *Zwangsgeldverfahren* nach § 33 FGG und
- in *Notarkostenbeschwerdeverfahren* nach § 156 KostO.

### 2.1.3 Verfahren vor Verwaltungsbehörden

**Zu den Verfahren vor Verwaltungsbehörden zählt die Tätigkeit in**

- *baupolizeilichen* Angelegenheiten
- *Verwaltungsverfahren* und *Verwaltungsvorverfahren*
- *Justizverwaltungsverfahren* (z. B. die Zulassung von Rechtsanwälten, Notaren, Steuerberatern, Wirtschaftsprüfern und Kassenärzten)
- *Hinterlegungsverfahren* nach der Hinterlegungsordnung

*verwaltungsbehördliche Tätigkeiten des Rechtsanwalts*

- *Baulandsachen*
- *Enteignungsverfahren*
- Verfahren vor dem *Bundesverwaltungsamt* oder dem *Deutschen Patentamt*
- Erlaubnis zum *Führen von Kraftfahrzeugen* und
- in Verfahren auf *Namensänderung*.

### 2.1.4 Verfahren vor den Finanz- und Sozialbehörden

**Bei Verfahren vor den Finanz- und Sozialbehörden kann § 118 BRAGO angewendet werden auf**

Tätigkeiten des Rechtsanwalts vor Finanz- und Sozialbehörden

- die Vertretung in *Vorverfahren*
- bei der Prüfung oder Anfertigung von *Steuererklärungen* des Mandanten
- bei der Einreichung von *Stundungs- und Erlassgesuchen*
- für die Teilnahme an steuerbehördlichen *Verhandlungen* einschließlich *Betriebsprüfung*
- bei der Vertretung in steuerlichen *Veranlagungsverfahren* einschließlich des *Einspruchsverfahrens* und
- bei der *steuerlichen Selbstanzeige* und
- der *Abtretungsanzeige* an das Finanzamt
- in *sozialrechtlichen Angelegenheiten* gemäß § 116 II BRAGO
- und bei außergerichtlichen Tätigkeiten in *Sozialversicherungssachen* einschließlich *Verwaltungsverfahren* hierzu.

### 2.1.5 Strafsachen

Selbst in Strafsachen kann § 118 BRAGO anwendbar sein. Zwar werden die Gebühren des Strafverteidigers grundsätzlich nach den §§ 83 ff. BRAGO abgegolten, gleichwohl:

**In folgenden Ausnahmefällen findet § 118 BRAGO Anwendung:**

- bei der *Einsichtnahme in die Ermittlungsakten* einschließlich der Beratung des Beschuldigten *(AG Braunschweig AnwBl. 84, 517)* und

- bei der *Beistandsleistung* des nicht zum Verteidiger bestellten Rechtsanwalts vor Einleitung des Strafverfahrens bei der polizeilichen Vernehmung *(Hansens, § 118, RdNr. 10)*.

*Anwendung des § 118 BRAGO in Strafsachen*

## 2.2 Der Hauptfall des § 118 BRAGO: Die Geschäftsgebühr

Die Geschäftsgebühr ist die wichtigste und häufigste Gebühr des § 118 BRAGO. Sie entsteht *„für das Betreiben des Geschäfts einschließlich der Information"* und entspricht der Prozessgebühr nach § 31 I 1 BRAGO.

Beginnen wir gleich mit einem leichten Ausgangsfall:

**Fall 2 (Der eingeschüchterte Gegner)**

> Martens beauftragt Rechtsanwalt Rasche, für ihn außergerichtlich in einer Vertragsangelegenheit wegen 2.400,00 DM tätig zu werden. Auf ein anwaltliches Aufforderungsschreiben hin ist der Gegner so eingeschüchtert, dass er sofort und unverzüglich zahlt.

Die Lösungen zu diesem Kapitel finden Sie ab S. 48.

Die Geschäftsgebühr umfasst als *Tätigkeitsgruppengebühr* oder auch *Tätigkeitsgebühr* die gesamte Tätigkeit des Rechtsanwalts bis zur Erledigung des ihm übertragenen Geschäftes. Sie gilt also zahlreiche Tätigkeiten ab, die zur Abwicklung des Auftrages erforderlich waren, z. B. die mündliche oder schriftliche Entgegennahme der Information, sämtliche Besprechungen mit dem Mandanten, Schreiben an den Gegner, Stellungnahmen zu Äußerungen des Gegners, Ermittlung von Adressen usw.

*Die Geschäftsgebühr als Tätigkeitsgruppengebühr*

**Fall 3 (Der geplagte Rechtsanwalt)**

> Rechtsanwalt Rasche erhält Besuch von dem sorgengequälten Mandanten Hase. Es geht für ihn um wichtige 1.000,00 DM und um noch wichtigere Grundsätze.
>
> Da Rechtsanwalt Rasche ein mitfühlendes Gesicht macht, gefällt es Hase bei ihm sehr, und er sucht ihn in dieser grundsätzlichen Angelegenheit ins-

gesamt fünfmal in seiner Kanzlei auf und telefoniert so oft mit dem Büro, dass sein Beliebtheitsgrad ins Unermessliche steigt - denn was hätte man dort ohne ihn auch sonst zu tun?

Rechtsanwalt Rasche seinerseits besorgt sich zustellungsfähige Anschriften denkbarer Zeugen, holt Einwohnermeldeamtsanfragen ein und scheut auch nicht vor amtlichen Auskünften bei Behörden und einem Gang in die Bibliothek zurück. Schließlich gelingt es ihm, die Angelegenheit zur vollsten Zufriedenheit des Mandanten zu einem Ende zu bringen. Die Aufwendungen für die Anfragen und Auskünfte betragen insgesamt 60,00 DM.

Den Fall können Sie sicherlich sogleich nach dem bisher Gesagten lösen. Seien Sie mitfühlend mit unserem geplagten Rechtsanwalt und denken Sie bitte an den richtigen Gebührensatz! Sie suchen die Rechtsgrundlage für die tatsächlich entstandenen Kosten bei den Anfragen und Auskünften? Machen wir daraus kein Geheimnis: Es ist *§ 670 BGB*! Wollen Sie Näheres zu dieser „BRAGO-fremden" Anspruchsgrundlage, so schauen Sie einmal im Kurs 1 nach *(Gebühren im Zivilprozess. Grundlagen und Regelgebühren)* und dort im *Kapitel 1.3.1 (Allgemeine Geschäftskosten)*!

**Ihre Lösung:**

Gegenstandswert : 1.000,00 DM

Zwischensumme:                                           103,50 DM

Summe:                                                       180,06 DM

Die Lösung finden Sie ab Seite 48.

Ein weiterer Anwendungsfall:

**Fall 4 (Der Ehegattenunterhalt)**

Frau Mangold beauftragt Rechtsanwalt Rasche mit der außergerichtlichen Wahrnehmung ihrer Interessen. Nach der Scheidung ihrer Ehe sieht sie sich infolge einer Erkrankung bis auf weiteres nicht mehr in der Lage, für ihren Lebensunterhalt selbst zu sorgen. Aus diesem Grunde hat sie ihren früheren Ehemann gebeten, ihr seit April d. J. 800 DM monatlich als Lebensunterhalt zu überweisen.

Da diese Aufforderung bisher erfolglos war, formuliert Rechtsanwalt Rasche ein anwaltliches Aufforderungsschreiben, in dem er ihn auffordert, diesen Betrag monatlich zu zahlen sowie weitere drei Monate Rückstand. Der frühere Ehemann zeigt Zahlungsbereitschaft und überweist die geforderten Beträge.

Vorab ein Hinweis zum Streitwert: Bei Kindes- und Ehegattenunterhalt handelt es sich um Ansprüche auf Erfüllung einer gesetzlichen Unterhaltpflicht. Nach § 17 GKG ist hier der Jahresbetrag der wiederkehrenden Leistung maßgebend, wenn nicht der Gesamtbetrag der geforderten Leistungen geringer ist. Hinzu kommen noch eventuell bestehende Rückstände.

Berechnen Sie nun den Streitwert selbst. Die Lösung finden Sie auf Seite 49.

Notieren Sie zunächst einmal hier ...

**Ihre Lösung:**

Gegenstandswert : 12.000,00 DM

Summe: 625,01 DM

Eine Besonderheit ist bei der Geschäftsgebühr jedoch unbedingt zu beachten:

Schließt sich in derselben Angelegenheit, für die zunächst eine Geschäftsgebühr entstanden ist, ein gerichtliches oder behördliches Verfahren an, so wird die Geschäftsgebühr gemäß § 118 II BRAGO hierauf angerechnet, d. h. sie fällt weg.

**Fall 5 (Das erfolglose Aufforderungsschreiben)**

Martens beauftragt Rechtsanwalt Rasche, für ihn in einer Verkehrsunfallsache tätig zu werden, jedoch noch keine Klage einzureichen. Es handelt sich um Ansprüche in Höhe von 8.000,00 DM. Ein anwaltliches Aufforderungsschreiben bleibt ohne Erfolg.

Daraufhin erhebt Rechtsanwalt Rasche Klage auf Zahlung von 8.000,00 DM. Nach einer streitigen mündlichen Verhandlung und einer Beweisaufnahme ergeht ein Urteil. Erstellen Sie für Rechtsanwalt Rasche die Kostenrechnung über alle entstandenen außergerichtlichen und gerichtlichen Gebühren und Postentgelte!

In diesem Fall wird die zunächst entstandene 7,5/10 Geschäftsgebühr auf die in derselben Sache später entstandene 10/10 Prozessgebühr angerechnet, so dass lediglich die Prozessgebühr bestehen bleibt.

Die Kostenrechnung lautet also:

**Ihre Lösung:**

........................................................................................................................

........................................................................................................................

........................................................................................................................

........................................................................................................................

........................................................................................................................

........................................................................................................................

........................................................................................................................

........................................................................................................................

Vergleichen Sie nun Ihre Lösung mit der Musterlösung auf Seite 49.

## 2.3    Sonderfall: Das anwaltliche Aufforderungsschreiben

Begriff und Zweck des Aufforderungsschreibens

Einer der häufigsten Anwendungsfälle für die Geschäftsgebühr ist sicherlich das anwaltliche Aufforderungsschreiben. Hierauf müssen wir schon deshalb gesondert eingehen, weil es in Prüfung und Praxis gleichermaßen eine besondere Rolle spielt. Das Aufforderungsschreiben wird in Rechtsbüchern auch als *Mahnung* abgehandelt, in der Wirtschaft spricht man eher von einer *Zahlungsaufforderung* oder *Zahlungserinnerung*. Sicher, es bezweckt eine schnelle und billige, weil außergerichtliche, Erledigung der Streitigkeit. Vor allem aber will es den Gegner in Verzug setzen.

Der Verzug, vor allem der Zahlungsverzug, kommt sowohl in der mündlichen als auch der schriftlichen Prüfung immer wieder vor. Doch wann gerät nun der Gegner in Verzug?

### 2.3.1 Der Eintritt des Zahlungsverzuges

Der Schuldner kommt mit der Zahlung in Verzug, wenn er nicht rechtzeitig (also vertragsgemäß) leistet, obwohl die Leistung fällig und angemahnt ist. Da wir hier lediglich den Zahlungsverzug besprechen, ist ein Verschulden für die Verspätung nicht erforderlich.

## 2.3.2 Die Voraussetzungen des Zahlungsverzuges (§§ 284 f. BGB)

Der Schuldner kommt mit seiner verspäteten Zahlung in Verzug, wenn folgende Voraussetzungen gegeben sind:

### 1. Fälligkeit der Leistung

Es ist klar: Braucht der Schuldner nicht zu leisten, so kann er auch nicht in Verzug geraten. Vor allem werben manche Firmen zum Beispiel unmittelbar vor Weihnachten mit dem Versprechen, die Ware brauche erst Ende Januar oder Anfang Februar bezahlt zu werden. In einem solchen Fall kann der Käufer auch nicht Mitte Januar bereits in Verzug gesetzt werden: Die Leistung war eben noch nicht fällig. Ist zwischen den Parteien jedoch nichts vereinbart worden und auch aus den Umständen nichts Besonderes zu entnehmen, so sind die Leistungen allerdings grundsätzlich nach § 271 BGB sofort fällig.

*Fälligkeit*

### 2. Zugang einer Mahnung

Die zweite Verzugsvoraussetzung ist der Zugang einer Mahnung, in welchem Gewand sie auch immer erscheint, sei es als „Zahlungsaufforderung", „Zahlungserinnerung" oder eben als „anwaltliches Aufforderungsschreiben".

Die *Mahnung* ist eine ernsthafte, einseitige und empfangsbedürftige Willenserklärung mit der Aufforderung zu zahlen. Führt sie, was die Regel sein wird und was ja auch ihr Zweck ist, zur Herbeiführung des Verzuges, so ist sie auf eine Rechtsfolge gerichtet und damit ein Rechtsgeschäft. Sie bedarf keiner Form. Die Schriftform dient in der Regel lediglich der Beweissicherung. Vor allem ist aber für die Wirksamkeit der Mahnung keine Frist erforderlich.

*Rechtsnatur der Mahnung*

Doch von welchem Zeitpunkt an gerät nun der Zahlungspflichtige in Verzug? Diese Frage wird in vielen Büros falsch beantwortet. Nehmen wir einmal folgendes

*Genauer Verzugszeitpunkt*

## BEISPIEL 1:

Rechtsanwalt Rasche formuliert mit Datum vom 17. Okt. ein anwaltliches Aufforderungsschreiben, das dem Gegner am 20. Okt. zugeht. In dem Mahnschreiben ist eine Zahlungsfrist bis zum 5. Nov. gesetzt worden. Ab wann können nun in einer eventuellen Klage die Zinsen geltend gemacht werden?

In vielen Kanzleien vermutet man den Eintritt des Verzuges mit Ablauf der Frist, Zinsen werden also seit dem 6. Nov. beantragt. Das ist jedoch falsch! Die Wirkungen der Mahnung als einseitiges, empfangsbedürftiges Rechtsgeschäft treten bereits mit Zugang des Mahnschreibens selbst ein, sofern die Leistung bis dahin überhaupt fällig war. Damit befindet sich der Schuldner in unserem Beispiel also bereits mit Zugang, d. h. mit Ablauf des 20. Okt. im Verzug, so dass Zinsen schon seit dem **21.10.** verlangt werden können. Wer zu dem genannten späteren Zeitpunkt erst die Zinsen beantragt, verschenkt Geld des Gläubigers!

Die Mahnung ist also ein einseitiges, empfangsbedürftiges Rechtsgeschäft. Die besprochenen Wirkungen entstehen demgemäß erst mit Zugang der Mahnung. Doch welches Datum nehmen wir, wenn nicht bekannt ist, wann das Aufforderungsschreiben zugegangen ist? Das dürfte ja wohl in den meisten Fällen die Regel sein.

**Der Zinszeitpunkt in der Praxis**

Einige Kanzleien wissen sich zu helfen: Haben sie z. B. unter dem 15. eines Monats das anwaltliche Aufforderungsschreiben verfasst, so beantragen sie in einer Klageschrift die Zinsen seit dem 18. dieses Monats, also drei Tage später. Sie gehen dabei von folgender Überlegung aus: Schreiben werden am Datum ihrer Erstellung (hier also am 15. des Monats) auch zur Post gebracht. Sie werden dem Gegner zwei Tage später in der Regel zugegangen sein (also am 17.). Zinsen kann man dann also seit dem 18. des Monats verlangen.

Und wenn der Gegner bestreitet und behauptet, er habe das Schreiben erst am 20. erhalten? Nun, kein Problem, die Zinsen werden dann eben seit dem 21. des Monats beantragt.

**Sinn der Fristsetzung**

Doch welchen Sinn hat denn nun die Fristsetzung in dem anwaltlichen Aufforderungsschreiben? Rechtlich gesehen bindet sie eigentlich nicht den Schuldner, sondern den Gläubiger selbst! Sie stellt einen Hinweis an den Schuldner dar, bis zu dem in der Frist genannten Termin weiter keine rechtlichen Schritte einzuleiten und mit der Einreichung einer Klageschrift oder der Beantragung eines Mahnbescheids noch abzuwarten. Auf keinen Fall bedeutet eine solche Fristsetzung, dass der Gläubiger auf die ihm zustehenden Rechte (also z. B. Geltendmachung von Zinsansprüchen ab Eintritt des Verzuges) verzichtet.

**BEISPIEL 2:**

Rechtsanwalt Rasche setzt dem Gegner in einem Mahnschreiben eine kurze, aber angemessene Frist. Nach fruchtlosem Ablauf der Frist setzt er eine weitere Frist. Ab wann können hier Zinsen verlangt werden?

Die Bestimmung des richtigen Zinstermins ist nicht nur in der Praxis wichtig wegen der dem Gläubiger drohenden Nachteile, sondern sie stellt auch in der Prüfung eine ständige Fehlerquelle dar. So müssen beispielsweise viele Prüflinge eine Klageschrift in fachbezogener Informationsverarbeitung formulieren - und hier bringt ein falscher Zinstermin erhebliche Punktabzüge. Ähnlich verhält es sich bei den Anträgen auf Erlass von Mahnbescheiden.

Das in dem Beispiel 2 genannte zweite Aufforderungsschreiben setzt den Schuldner nicht mehr in Verzug. Dort befindet er sich bereits. In dem Aufforderungsschreiben ist auch nicht der Verzicht auf bereits eingetretene Verzugsfolgen zu sehen. Es ist niemandem verwehrt, einen bereits im Verzug befindlichen Zahlungspflichtigen weiterhin aufzufordern, endlich zu zahlen.

**BEISPIEL 3:**

Nehmen wir einmal an, der Mandant legt Rechtsanwalt Rasche die Kopie einer Rechnung vor, in welcher der geltend gemachte Betrag bis zum 20.09. zahlbar war. Rechtsanwalt Rasche formuliert nun wie in Beispiel 1 ein anwaltliches Aufforderungsschreiben unter dem 17.10., das am 20.10. dem Gegner zugeht und in dem eine Frist zum 5.11. gesetzt ist. – Ab wann befindet sich der Gegner im Verzug?

Hier gilt folgender wichtige Satz:

> Eine Mahnung ist *nicht erforderlich*, wenn die Leistung an einem bestimmten Kalendertag fällig ist (§ 284 II BGB)!

Entbehrlichkeit der Mahnung

Voraussetzung ist jedoch, dass die Leistungspflicht an ein *bestimmtes Kalenderdatum* geknüpft ist. Es genügen nicht Formulierungen wie *zahlbar binnen 30 Tagen* oder *zahlbar binnen 2 Wochen ab Lieferung*. Bei kalendermäßig bestimmten wiederkehrenden Leistungen tritt der Verzug jeweils bei der Verspätung ein.

Kalenderdatum

Der Zahlungstermin kann sich auch aus dem Gesetz ergeben, wie z. B. bei Forderungen aus Wechsel, Scheck, Miete, Pacht und Unterhalt. Auch hier bedarf es keine besonderen Mahnung, um die andere Seite in Verzug zu setzen.

gesetzlicher Zahlungstermin

## 3. Die Frist von 30 Tagen

Seitdem das *„Gesetz zur Beschleunigung fälliger Zahlungen"* am 1. Mai 2000 in Kraft getreten ist, besteht in der Literatur Streit darüber, unter welchen Voraussetzungen der Zahlungsverzug Eintritt und ob Verzug z. B. überhaupt noch, wie soeben beschrieben, durch eine Mahnung (s. o. 1.) oder durch Bestimmung der Leistungspflicht durch ein bestimmtes Kalenderdatum (s. o. 2.) eintreten kann. Die Beschleunigungsnovelle hat dem § 284 BGB einen dritten Absatz angefügt. Er enthält die Regelung:

Beschleunigungsnovelle

> Abweichend von dem bisher Gesagten gerät der Schuldner einer Geldforderung *30 Tage nach Fälligkeit und Zugang einer Rechnung* oder einer gleichwertigen Zahlungsaufforderung in Verzug.

Unsicherheit besteht in der Literatur zur Zeit, ob diese Formulierung bedeutet, dass bei Zahlungsansprüchen eine Mahnung überhaupt noch den Verzug her-

Der Streit um den § 284 III BGB

beiführen kann. Eine Meinung spricht sich weiterhin für eine Verzugsetzung durch Mahnung oder Bestimmung der Leistungspflicht durch ein bestimmtes Kalenderdatum aus (so *Helmut Kiesel in NJW 2000, S. 1673 ff.; Siegfried Neufert in RENO, Heft 7+8, S. 244 f.*), die andere Meinung geht davon aus, dass durch einen Irrtum des Gesetzgebers die Mahnung bei Geldforderungen abgeschafft worden ist, der Schuldner also immer erst 30 Tage nach Zugang der Rechnung in Verzug gerät, selbst dann, wenn eine Mahnung vor Ablauf dieser 30-Tage-Frist zugegangen ist *(Henrich Fabis in ZIP 2000, S. 865 ff., Jörg Risse in BB 2000, S. 1050 ff.).* Nach letzterer Meinung hätte der Gesetzgeber mit der Beschleunigungsnovelle schlicht das Gegenteil erreicht, was er erwirken wollte, weil nämlich ein Verzug faktisch später als vor Inkrafttreten der Novelle eintritt.

Für Sie gilt: Erkundigen Sie sich in Ihrem Büro oder bei Ihrem Lehrer, welche Meinung sich in Ihrem Bezirk durch gesetzt hat. In diesem Skriptbuch gehe ich bis auf weiteres weiterhin davon aus, dass bei Geldforderungen auch nach § 284 Absätze 1 und 2 ein Verzug begründet werden kann.

## BEISPIEL 4:

a)  Der Käufer K erhält die Ware nachweisbar am 03.03. Eine Rechnung lag bei. Der Käufer wurde weder gemahnt noch stand in der Rechnung ein Kalenderdatum für die Zahlung. – K befindet sich seit dem 04.04. (um 00:00 Uhr) im Verzug.

b)  Zugang der Rechnung am 03.04. – Verzug ab 04.05.

c)  Zugang der Rechnung am 03.02. – Verzug ab 05.03.

Sollte die Frist an einem Sonn- oder Feiertag ablaufen, so verlängert sich die Frist natürlich bis zum nächsten Werktag.

### 2.3.3 Rechtsfolgen des Zahlungsverzuges

Befindet sich der Schuldner mit seiner Zahlung im Verzuge, so muss er

Verzugsschaden

1.  *Schadensersatz* leisten, d. h. er muss dem Gläubiger den Schaden ersetzen, der durch die verspätete Leistung entstanden ist (*Verzugsschaden*). Der Gläubiger kann also weiterhin auf Leistung bestehen und sich auf den Schadensersatz beschränken, der allein durch die Verspätung entstanden ist. Hierzu gehören auch Zinsverluste oder entgangener Gewinn.

Rücktritt und Schadensersatz

2.  Hat der Gläubiger wegen der Verspätung *kein Interesse mehr an der Leistung*, so kann er vom Vertrag zurücktreten (***Rücktritt***) und ***Schadensersatz wegen Nichterfüllung*** verlangen.

Nachfrist bei gegenseitigen Verträgen

Bei ***gegenseitig verpflichtenden Verträgen***, die in der Regel vorliegen werden (z. B. bei Kauf-, Werk- und Mietverträgen), kann der Gläubiger dem Schuldner eine *Nachfrist* setzen mit der Erklärung, dass er die Annahme der Leistung nach dem Fristablauf ablehne. Er ist erst nach fruchtlosem Ablauf dieser Nachfrist berechtigt, Schadensersatz wegen Nichterfüllung zu verlangen oder von dem Vertrage zurückzutreten (§ 326 BGB).

Der wichtigste Fall in unserem Zusammenhang ist natürlich der erwähnte Anspruch auf Schadensersatz. Hierzu gehören auch die Zinsen.

### 2.3.4 Der Zinsanspruch

**Folgende Zinsen kann der Gläubiger im Falle des Zahlungsverzuges geltend machen:**

1. *ohne* Schadensnachweis Verzugszinsen in Höhe von *5 % über dem Basiszinssatz (§ 288 III BGB* (nach § 1 des Diskontsatz-Überleitungsgesetzes vom 1998-06-09)

2. *bei Wechsel- und Scheckforderungen: 2 %* über dem jeweiligen Basiszinssatz, mindestens aber *6 %* (Art. 48 I 2 WG, Art. 45 Nr. 2 ScheckG)

3. *höhere Zinsen* können nur verlangt werden, wenn *sie vertraglich vereinbart* sind oder

4. wenn sie als *Schadensersatzforderung* geltend gemacht werden (*mit* Schadensnachweis). Der im Verzug befindliche Schuldner ist nämlich dem Gläubiger gegenüber zum Ersatz des durch den Verzug entstandenen Schadens (Verzugsschaden) verpflichtet. Hierzu zählen bei Geldforderungen u. a. Zinsverluste des Gläubigers infolge von Bankkrediten, aber auch entgangene Anlagezinsen.

## BEISPIEL 5 (ZU NR. 4):

Hat der Gläubiger z. B. bei der Deutschen Bank ein Geschäftskonto, das sich mindestens in Höhe des geltend gemachten Betrages im Soll befindet und zahlt er hierfür einen Zinssatz von 14 %, so kann er diesen Zinsbetrag als Schadensersatz von dem Schuldner verlangen. Er wird mit Recht behaupten können, dass er den Betrag zur Tilgung seiner eigenen Schulden verwendet hätte und insoweit in Höhe des beanspruchten Betrages eben keine Zinsen hätte bezahlen müssen. Die Höhe der Zinsen braucht der Kläger im Prozess dann i. d. R. nicht zu beweisen, da Zinsen Nebenforderungen sind, die lediglich glaubhaft gemacht zu werden brauchen. Zur Glaubhaftmachung reicht eine Bankbestätigung über die Darlehens- und Zinshöhe aus.

Wird im Zivilprozess eine Kaufpreisforderung geltend gemacht einschließlich Verzugszinsen, so handelt es sich bei diesen Zinsen um eine *Nebenforderung*. Für Nebenforderungen ist ein Beweis nicht nötig, es reicht eine Glaubhaftmachung aus. Der klägerische Anwalt wird also zur Unterstützung seiner geltend gemachten Zinsforderung eine Bestätigung der Bank beifügen, aus der hervorgeht, dass der Kläger mindestens in Höhe des geltend gemachten Betrages dort einer Darlehensforderung ausgesetzt ist.

*Zinsanspruch als Nebenforderung*

### 2.3.5 Die Gefahr des § 93 ZPO

Überlegen Sie einmal folgendes ...

## BEISPIEL 6:

Sie haben auf dem Versandweg eine Stereoanlage bestellt. Die Anlage wird geliefert, sie ist auch in einwandfreiem Zustand, es fehlt jedoch eine Rechnung. Aus diesem oder irgendwelchen anderen Gründen zahlen Sie jedoch nicht. - Nach Ablauf eines halben Jahres wird Ihnen eine Klageschrift zugestellt, in der die Erstattung des Kaufpreises zuzüglich Kosten und Zinsen begehrt wird. Die Klage wird damit begründet, Sie seien zur Zahlung des Kaufpreises einschließlich Kosten und Zinsen verpflichtet, weil Sie ja schließlich die Stereoanlage bestellt hätten. Die Anlage sei auch ordnungsgemäß ausgeliefert worden. - Wie würden Sie sich in einem solchen Fall verhalten?

**Veranlassung zur Klageerhebung**

Der Gegner hat sich in diesem Fall sehr unklug verhalten. Natürlich müssen Sie den Kaufpreis bezahlen, Sie haben die Ware ja auch bestellt und erhalten. Allerdings befanden Sie sich nicht im Verzug, weil weder eine Rechnung noch eine Mahnung zugegangen ist. Da Sie sich noch nicht im Verzug befunden hatten, haben Sie auch keine *Veranlassung zur Klageerhebung* gegeben. Lesen Sie § 93 ZPO:

> **§ 93 ZPO:**
>
> Hat der Beklagte nicht durch sein Verhalten zur Erhebung der Klage Veranlassung gegeben, so fallen dem Kläger die Prozesskosten zur Last, wenn der Beklagte den Anspruch sofort anerkennt.

Sie werden also den Kaufpreisanspruch *sofort anerkennen*, jedoch beantragen, die Kosten dem Kläger selbst aufzuerlegen!

*Bloße Nichtzahlung* wie in unserem Fall bedeutet noch nicht, dass eine Veranlassung zur Klageerhebung gegeben wäre. Hierfür kann es viele Gründe geben, z. B. der Wechsel einer Sachbearbeiterin, die neu eingearbeitet werden muss, Erkrankungen usw. Erst wenn sich der Zahlungspflichtige im Verzug befindet, besteht für den Gläubiger Veranlassung, seine Rechte im Klagewege geltend zu machen. In diesem Falle sind die Kosten dann bei einer entsprechenden Verurteilung vom Beklagten (also Schuldner) zu zahlen (§ 91 ZPO) und natürlich auch dann, wenn er die Klageforderung anerkennt.

Das anwaltliche Aufforderungsschreiben will nämlich mit der Verzugsetzung nicht nur die besprochenen Rechtsfolgen herbeiführen. Es will zugleich vermeiden, dass der Beklagte von der Möglichkeit des § 93 ZPO Gebrauch macht, die Hauptforderung sofort anerkennt und beantragt, die Kosten dem Kläger aufzuerlegen.

## 2.3.6 Das anwaltliche Aufforderungsschreiben ohne Klageauftrag

Sehen Sie hier zunächst ein Beispiel für die Formulierung eines anwaltlichen Aufforderungsschreibens ohne Klageauftrag:

# Rechtsanwalt Dr. Fritz Rasche
## Hauptstr. 100, (PLZ) A-Stadt
### ☎ (0123) 45 67 89 00
**Bankverbindung: Sparkasse A-Stadt, Konto 65 43 21, BLZ 200 400 60**

Herrn                                                      A-Stadt, 20...-10-09
Franz Schmidtchen
Kosakenweg 47


(PLZ) B-Stadt


Sehr geehrter Herr Schmidtchen,

**Bestellung**

Herr Edgar Merkert, Dorfstr. 10, (PLZ) C-Stadt, hat mich mit der Wahrnehmung seiner Interessen beauftragt.

**Sachverhalt**

Sie kauften am 20..-09-12 bei meinem Mandanten ein Fernsehgerät zu 2.000 DM. Dieses Gerät erhielten Sie sofort ausgehändigt. Sie hatten vereinbart, den Kaufpreis bis zum 20..-09-20 an meinen Mandanten zu überweisen. Dies ist jedoch bis heute nicht geschehen.

**Zahlungsaufforderung mit Fristsetzung**

Ich fordere Sie deshalb auf, den Kaufpreis in Höhe von 2.000 DM nebst 5 % Zinsen über dem jeweiligen Basiszinssatz seit dem 20..-09-21 sowie die unten aufgeführten Kosten meiner Inanspruchnahme bis zum

### 20..-10-05

auf das o. a. Konto zu überweisen. Nach fruchtlosem Ablauf der Frist werde ich meinem Mandanten empfehlen, unverzüglich Klage zu erheben.

**Kostenrechnung Gegenstandswert: 2.000,00 DM**

**Kostenrechnung**

| | |
|---|---:|
| Gegenstandswert : 2.000,00 DM | |
| 7,5/10 Geschäftsgebühr, §§ 11, 12, 118 I 1 BRAGO | 127,50 DM |
| Postentgelte, §§ 11, 26 BRAGO | 19,20 DM |
| 16 % Umsatzsteuer, § 25 II BRAGO | 23,47 DM |
| Summe: | 170,17 DM |

**Auf Unterschrift achten!**

Mit freundlichen Grüßen
  Rasche
Rechtsanwalt

Sie sehen an diesem Beispiel, aus welchen Teilen ein anwaltliches Aufforderungsschreiben besteht:

**Bestandteile des anwaltlichen Aufforderungsschreibens:**

1. Es enthält neben der Angabe des Schuldners (Empfängers) und

2. des Gläubigers (Mandanten)

3. die Erklärung des Rechtsanwalts, dass er zum Vertreter des Gläubigers bestellt worden ist,

4. die Schilderung des Sachverhalts mit Angabe aller erforderlichen Daten, z. B. Rechnungs- und Liefernummer, eventueller Kundennummer usw.

5. und die Bezeichnung des Anspruchs (Haupt- und Nebenforderung, also z. B. Kaufpreis und Zinsen).

6. Anschließend erfolgt dann die Zahlungsaufforderung mit Fristsetzung (genaues Datum setzen!)

7. und die Aufforderung, auch die Kosten der Inanspruchnahme des Rechtsanwalts zu überweisen.

8. Liegt wie in unserem Beispiel noch *kein* Klageauftrag vor, so wird die *Empfehlung* an den Mandanten in Aussicht gestellt, die Forderungen gerichtlich geltend zu machen; bei *vorhandenem* Klageauftrag wird die *unverzügliche gerichtliche Geltendmachung* angedroht.

*Inhalt eines anwaltlichen Aufforderungs-*

Da das Aufforderungsschreiben eine schnelle außergerichtliche Erledigung bezweckt, sollte es vom Inhalt her korrekt und zutreffend, im *Stil* sachlich, höflich, knapp (ohne Angabe unwichtiger Begleitumstände) und verständlich formuliert sein.

*Stil des Aufforderungsschreibens*

Wird einem anwaltlichen Aufforderungsschreiben gleichzeitig auch die Kostenrechnung beigefügt, so muss man sich allerdings im Klaren sein, dass diese nur dann von dem Gegner bezahlt werden muss, wenn er sich bereits im Verzug befunden hat, die Kosten gelten dann nämlich als solche, die wegen des Verzugs überhaupt erst entstanden sind. Nach ständiger Rechtsprechung gehört die Inanspruchnahme eines Rechtsanwalts zu den Verzugsfolgen, die vom Schuldner zu erstatten sind. Wird jedoch der Schuldner durch das anwaltliche Aufforderungsschreiben überhaupt erst in Verzug gesetzt, so befand er sich eben zu diesem noch *nicht* im Verzug.

*Erstattungspflicht der Kostenrechnung*

Gehen wir nun einmal von folgendem Fall aus:

**Fall 6 (Das anwaltliche Aufforderungsschreiben ohne Klageauftrag)**

In der Kanzlei Ihres Anwalts erscheint für die „Modehaus-KG", Duisburger Straße 65, (PLZ) A-Stadt, der persönlich haftende Gesellschafter Peter Prange und legt folgende Unterlagen vor:

1. Kaufvertrag vom 20..-01-13 zwischen der „Modehaus-KG" und dem Einzelhandelskaufmann Franz Freitag, Hansaallee 103, (PLZ) B-Stadt über den Kauf von 300 Damen-Jeans diverser Größen zu je 49,90 DM;

2. Kopie des Lieferscheins vom 20..-01-26;

3. Kopie der Rechnung vom 20..-02-10, zahlbar zum 20..-02-20;

4. Mahnschreiben der Mandantin, also der Modehaus-KG, vom 20..-03-05 mit Fristsetzung zum 20..-03-20.

Der persönlich haftende Gesellschafter der KG hat noch keine Prozessvollmacht unterschrieben, weil er möchte, dass Ihr Rechtsanwalt zunächst einmal „mit einem anwaltlichen Schriftsatz" den Geldbetrag einfordert und so vielleicht doch noch zu einer schnellen außergerichtlichen Erledigung gelangt. Formulieren Sie ein entsprechendes unterschriftsreifes anwaltliches Aufforderungsschreiben!

Ein solcher Fall ist nicht nur für die Praxis bedeutsam, sondern auch für die Prüfung. In Betracht kommen hier die Prüfungsteile im *Zivilprozessrecht* (90 Minuten) und innerhalb der *fachbezogenen Informationsverarbeitung* der Prüfungsteil „Textbearbeitung" (maximal 60 Minuten). Vergessen Sie in unserem Fall auch die Kostenrechnungen nicht!

Die Lösung finden Sie auf Seite 50.

### 2.3.7 Das anwaltliche Aufforderungsschreiben mit Klageauftrag

Wie verfahren Sie aber im folgenden Fall:

**Fall 7 (Das anwaltliche Aufforderungsschreiben mit Klageauftrag)**

In der Kanzlei Ihres Anwalts erscheint heute der Bankangestellte Fritz Freitag, Akazienstraße 17, (PLZ) A-Stadt und legt folgende Unterlagen vor:

1. Kaufvertrag vom 20..-01-25 zwischen ihm und dem Bürovorsteher Hans Hurtig, Klemensplatz 3, (PLZ) B-Stadt, über den Kauf eines Fernsehers „Blaupunkt Digital" und Videorecorders „De Luxe" zu insgesamt 3.900 DM. Die Apparate sollten nach dem Vertrag angeliefert und kurz nach Lieferung bezahlt werden.

2. Kopie der Empfangsbestätigung vom 20..-01-27

3. Kopie der Rechnung vom 20..-01-27, zahlbar zum 20..-02-10;

4. Mahnschreiben des Mandanten vom 20..-02-15 mit Fristsetzung zum 20..-02-25;

5. Mahnschreiben des Mandanten vom 20.-03-01 mit Fristsetzung zum 20..-03-15.

> Der Mandant hat bereits eine Prozessvollmacht unterschrieben, bittet jedoch den Rechtsanwalt, es zunächst noch einmal „im Guten" mit einem anwaltlichen Aufforderungsschreiben zu versuchen. - Formulieren Sie das entsprechende unterschriftsreife Schreiben!

Die Lösung finden Sie auf Seite 51.

Hier hat der Rechtsanwalt schon Prozessvollmacht erhalten. Der Gegner befindet sich bereits im Verzug, es könnte also sofort Klage eingereicht werden ohne die Gefahr, dass der Schuldner über § 93 ZPO durch sofortiges Anerkenntnis die Kosten des Rechtsstreits dem Kläger auferlegt. Auch braucht Rechtsanwalt Rasche nicht mehr vorsichtig zu formulieren, er werde seinem Mandanten „empfehlen", unverzüglich Klage zu erheben. Er kann vielmehr ungeschminkt sagen:

> *Nach fruchtlosem Fristablauf werde ich unverzüglich*
> *Klage einreichen.*

Für die Kostenrechnung ergibt sich eine Besonderheit. Da Klageauftrag vorliegt, sind die Gebühren nach § 118 BRAGO nicht mehr anwendbar.

Kommt eine Prozessgebühr nach § 31 I 1 BRAGO in Betracht? Nein, wie besprochen entsteht diese Gebühr erst mit Einreichung der Klageschrift bei Gericht[3].

Maßgebliche Gebührenvorschrift ist hier § 32 I BRAGO:

> **§ 32 BRAGO Die vorzeitige Beendigung des Auftrags**
>
> (1) Endigt der Auftrag, bevor der Rechtsanwalt die Klage, den ein Verfahren einleitenden Antrag oder einen Schriftsatz, der Sachanträge, die Zurücknahme der Klage oder die Zurücknahme des Antrags enthält, eingereicht oder bevor er für seine Partei einen Termin wahrgenommen hat, so erhält er nur eine halbe Prozessgebühr.

Diese Vorschrift ist deshalb hier einschlägig, weil der Rechtsanwalt ja ursprünglich mit einer Prozessvollmacht versehen war. Fertigt er jedoch zunächst einmal das anwaltliche Aufforderungsschreiben, um auf diese Weise eine außergerichtliche Erledigung der Streitigkeit zu versuchen, so geht er in seiner Kostenrechnung davon aus, dass dieses Schreiben den Gegner zur Zahlung des begehrten Betrages veranlassen wird und die Angelegenheit damit vorzeitig, d. h. vor Einreichung der Klageschrift bei Gericht, erledigt sein wird.

---

[3] Siehe hierzu auch in derselben Kursreihe Karsten Roeser, Gebühren im Zivilprozess. Grundlagen und Regelgebühren, Kapitel 2

## 2.4   Lösungen zu den Fällen

**Lösung zu Fall 2**

Gegenstandswert: 2.400,00 DM

| | |
|---|---:|
| 7,5/10 Geschäftsgebühr, §§ 11, 12, 118 I 1 BRAGO | 127,50 DM |
| Postentgelte, §§ 11, 26 BRAGO | 19,20 DM |
| 16 % Umsatzsteuer, § 25 II BRAGO | 23,47 DM |
| Summe: | 170,17 DM |

**Lösung zu Fall 3**

Gegenstandswert : 1.000,00 DM

| | |
|---|---:|
| 10/10 Geschäftsgebühr, §§ 11, 12, 118 I 1 BRAGO | 90,00 DM |
| Postentgelte, §§ 11, 26 BRAGO | 13,50 DM |
| Zwischensumme: | 103,50 DM |
| 16 % Umsatzsteuer, § 25 II BRAGO | 16,56 DM |
| Aufwendungen für Anfragen, § 670 BGB | 60,00 DM |
| Summe: | 180,06 DM |

Die zahlreichen Tätigkeiten des geplagten Rechtsanwalts werden alle durch die Geschäftsgebühr abgegolten, die für eine ganze „Gruppe" von Tätigkeiten steht („Tätigkeitsgruppengebühr"). Die Aufwendungen für die Anfragen werden natürlich nicht durch die Entgelte für Post- und Telekommunikationsdienstleistungen abgegolten. Rechtsanwalt Rasche kann sie nach § 670 BGB gesondert geltend machen.[4] Umsatzsteuer sind auf diese Aufwendungen aber nicht zu berechnen.

---

4 Siehe hierzu näher in derselben Kursreihe Karsten Roeser, Gebühren im Zivilprozess. Grundlagen und Regelgebühren, Kapitel 1.3.

**Lösung zu Fall 4**

Gegenstandswert : 12.000,00 DM

| | |
|---|---|
| 7,5/10 Geschäftsgebühr, §§ 11, 12, 118 I 1 BRAGO | 498,80 DM |
| Postentgelte, §§ 11, 26 BRAGO | 40,00 DM |
| 16 % Umsatzsteuer, § 25 II BRAGO | 86,21 DM |
| Summe: | 625,01 DM |

**Lösung zu Fall 5**

**Außergerichtliche Gebühren:**

Es dürfen keine berechnet werden, die ursprünglich entstandene Geschäftsgebühr wird durch die später entstehende Prozessgebühr verdrängt (§ 118 II BRAGO).

**Gebühren im Zivilprozess:**

Gegenstandswert: 8.000,00 DM

| | |
|---|---|
| 10/10 Prozessgebühr, §§ 11, 31 I 1 BRAGO | 485,00 DM |
| 10/10 Verhandlungsgebühr, §§ 11, 31 I 2 BRAGO | 485,00 DM |
| 10/10 Beweisgebühr, §§ 11, 31 I 3 BRAGO | 485,00 DM |
| Postentgelte, §§ 11, 26 BRAGO | 40,00 DM |
| 16 % Umsatzsteuer, § 25 II BRAGO | 239,20 DM |
| Summe: | 1.734,20 DM |

**Lösung zu Fall 6**

---

## Rechtsanwalt Dr. Fritz Rasche
### Hauptstr. 100, (PLZ) C-Stadt
☎ (0123) 45 67 89 00
**Bankverbindung: Stadtsparkasse A-Stadt, Konto-Nr. 65 43 21, BLZ 200 400 60**

---

Herrn                                      C-Stadt, 20..-10-09
Franz Freitag
Hansaallee 103

(PLZ) B-Stadt

Sehr geehrter Herr Freitag,

*Bestellung*

die „Modehaus - KG", Duisburger Straße 65, (PLZ) A-Stadt, hat mich mit der Wahrnehmung ihrer Interessen beauftragt.

*Sachverhalt*

Sie kauften am 20..-01-13 bei meiner Mandantin 300 Damen-Jeans diverser Größen zu je 49,90 DM. Die Ware erhielten Sie am 20..-01-26 ordnungsgemäß geliefert. Die Rechnung vom 20..-02-10 war zahlbar gestellt zum 20..-02-20. Ein Mahnschreiben unserer Mandantin vom 20..-03-05 mit Fristsetzung zum 20..-03-20 blieb erfolglos.

*Zahlungsaufforde-
rung mit
Fristsetzung*

Ich fordere Sie deshalb auf, den Kaufpreis in Höhe von 14.970,00 DM nebst 5 % Zinsen über dem jeweiligen Basiszinssatz seit dem 20..-02-21 sowie die unten aufgeführten Kosten meiner Inanspruchnahme bis zum

**(Datum)**

auf das o. a. Konto zu überweisen. Nach fruchtlosem Ablauf der Frist werde ich meiner Mandantin empfehlen, unverzüglich Klage zu erheben.

**Kostenrechnung Gegenstandswert: 14.970,00 DM**

*Kostenrechnung*

| | |
|---|---:|
| Gegenstandswert : 14.970,00 DM | |
| 7,5/10 Geschäftsgebühr, §§ 11, 12, 118 I 1 BRAGO | 603,80 DM |
| Postentgelte, §§ 11, 26 BRAGO | 40,00 DM |
| 16 % Umsatzsteuer, § 25 II BRAGO | 103,01 DM |
| Summe: | 746,81 DM |

Hochachtungsvoll

*Auf Unterschrift
achten!*

　Rasche
Rechtsanwalt

**Lösung zu Fall 7**

## Rechtsanwalt Dr. Fritz Rasche
### Hauptstr. 100, (PLZ) A-Stadt
☎ (0123) 45 67 89 00
Bankverbindung: Stadtsparkasse A-Stadt, Konto-Nr. 65 43 21, BLZ 200 400 60

Herrn                                A-Stadt, 20..-10-09
Franz Freitag
Hansaallee 103

(PLZ) B-Stadt

Sehr geehrter Herr Hurtig,

Herr Fritz Freitag, Akazienstr. 17, (PLZ) A-Stadt, hat mich mit der Wahrnehmung seiner Interessen beauftragt.

Sie kauften am 19..-01-25 bei meinem Mandanten einen Fernseher „Blaupunkt Digital" und einen Videorecorder „De Luxe" zu insgesamt 3.900 DM. Die Apparate sollten nach dem Vertrag angeliefert und kurz nach Lieferung bezahlt werden. Die Ware erhielten Sie am 19..-01-27 ordnungsgemäß. Die Rechnung vom 19..-01-27 war zahlbar gestellt zum 19..-02-10. Ein Mahnschreiben unserer Mandantin vom 19..-02-15 mit Fristsetzung zum 19..-02-25 blieb erfolglos, ebenfalls auch ein Schreiben vom 19..-03-01 mit Fristsetzung zum 19..-03-15.

Ich fordere Sie deshalb auf, den Kaufpreis in Höhe von 3.900,00 DM nebst 5 % Zinsen über dem jeweiligen Basiszinssatz seit dem 19..-02-11 sowie die unten aufgeführten Kosten meiner Inanspruchnahme bis zum
**(Datum)**
auf das o.a. Konto zu überweisen. Nach fruchtlosem Ablauf der Frist werde ich unverzüglich Klage erheben.

**Kostenrechnung Gegenstandswert: 3.900,00 DM**

| | |
|---|---:|
| Gegenstandswert : 3.900,00 DM | |
| 5/10 Prozessgebühr, §§ 11, 32 I BRAGO | 132,50 DM |
| Postentgelte, §§ 11, 26 BRAGO | 19,90 DM |
| 16 % Umsatzsteuer, § 25 II BRAGO | 24,38 DM |
| Summe: | 176,78 DM |

Mit freundlichen Grüßen

Rasche
Rechtsanwalt

## 2.5  Trainingsteil

Erstellen Sie die Kostenrechnungen in den nachfolgenden Fällen! Die Lösungen finden Sie ab Seite 56.

### Aufgabe 4

Martens bittet Rechtsanwalt Rasche, für ihn in einer Kaufvertragsangelegenheit tätig zu werden. Es geht um eine Forderung in Höhe von 2.500,00 DM. Rasche solle jedoch noch keine Klage einreichen. Ein anwaltliches Aufforderungsschreiben bleibt ohne Erfolg.

Daraufhin erhebt der nunmehr beauftragte Rechtsanwalt Rasche Klage auf Zahlung von 2.500,00 DM. Nach einer streitigen mündlichen Verhandlung ergeht ein Urteil.

Erstellen Sie für Rechtsanwalt Rasche die Kostenrechnung über alle entstandenen außergerichtlichen und gerichtlichen Gebühren und Postentgelte!

### Aufgabe 5

Rechtsanwalt Rasche wird in einer Nachbarstreitigkeit beauftragt. Es geht um diverse Ansprüche, die sich auf insgesamt 12.000,00 DM belaufen. Der Mandant sucht unseren Rechtsanwalt insgesamt achtmal in seiner Kanzlei auf und telefoniert sehr häufig mit dem Büro. Rechtsanwalt Rasche besorgt sich ladungsfähige Anschriften potentieller Zeugen, holt Einwohnermeldeamtsanfragen ein, forscht in Computerdatenbanken und verursacht so zusätzliche Aufwendungen von insgesamt 155,00 DM. Schließlich gelingt es ihm, die Angelegenheit außergerichtlich zu erledigen.

### Aufgabe 6

Martens beauftragt Rechtsanwalt Rasche, für ihn außergerichtlich in einer Schadensersatzangelegenheit wegen 12.500,00 DM tätig zu werden. Ein anwaltliches Aufforderungsschreiben hat schließlich Erfolg.

### Aufgabe 7

Martens beauftragt diesmal Rechtsanwalt Rasche, für ihn wegen 3.400,00 DM tätig zu werden. Er erteilt Klageauftrag, doch Rechtsanwalt

Rasche stellt fest, dass er den Gegner erst noch anmahnen muss. Sein anwaltliches Aufforderungsschreiben hat schließlich Erfolg.

# 2.6   Testen Sie sich selbst: Test- und Prüfungsfragen

1. **Welches sind Sie die wichtigsten Bereiche, in denen die Gebühren des § 118 BRAGO grundsätzlich angewendet werden können?**

   § 118 BRAGO kann angewendet werden
   bei der außergerichtlichen Tätigkeiten und vorsorgende Rechtsbetreuung des Rechtsanwalts,
   in Angelegenheiten der freiwilligen Gerichtsbarkeit,
   in Verfahren vor Verwaltungsbehörden und den Verfahren vor den Finanz- und Sozialbehörden,
   sowie ausnahmsweise auch in Strafsachen.

2. **Nennen Sie die wichtigsten Anwendungsfälle des § 118 BRAGO bei der außergerichtliche Tätigkeiten und vorsorgende Rechtsbetreuung des Rechtsanwalts!**

   Die Teilnahme an Vertragsverhandlungen
   und an Gesellschaftsversammlungen,
   die Mitwirkung bei Gesellschaftsgründungen,
   die Formulierung von Verträgen und von einseitigen Erklärungen,
   das Entwerfen von Geschäfts- und Lieferungsbedingungen oder ähnlichen Klauseln,
   die außergerichtliche Regelung von Schadensersatzansprüchen
   oder das Führen von außergerichtlichen Verhandlungen zur Durchsetzung weiterer Ansprüche des Mandanten (Wettbewerbsverstöße, Abmahnschreiben),
   Tätigkeiten vor den Gerichten von Sportverbänden oder Vereinen, sofern sie nicht zu den Berufsgerichten gehören,
   die Anfertigung von Gegendarstellungen nach den Landespressegesetzen,
   die Besorgung einer Deckungszusage,
   die nichtstreitige Steuerberatung
   und schließlich die Wahrnehmung außergerichtlicher Vergleichsverhandlungen, sofern der Rechtsanwalt insoweit noch keinen Prozessauftrag erhalten hatte.

3. **In welcher Vorschrift ist geregelt, wann ein Anwaltsnotar bzw. Notaranwalt als Rechtsanwalt oder als Notar tätig wird?**

   Diese Abgrenzung bei den ReNo-Kanzleien regelt § 24 BNotO.

**4. Wann besteht nach dieser Vorschrift eine unwiderlegliche Vermutung (bei der also ein Gegenbeweis nicht möglich ist), dass er als Notar tätig geworden ist?**

Eine Tätigkeit als Notar liegt vor, wenn der Anwaltsnotar eine der in Absatz 1 genannten Tätigkeiten vorgenommen hat, also bei der sonstigen Betreuung der Beteiligten auf dem Gebiete vorsorgender Rechtspflege, insbesondere bei der Anfertigung von Urkundenentwürfen und der Beratung der Beteiligten, wenn die Handlung bestimmt ist, Amtsgeschäfte der in den §§ 20 bis 23 BNotO bezeichneten Art vorzubereiten oder auszuführen.

**5. Was gilt, wenn der Notaranwalt keine dieser Tätigkeiten ausgeübt hat?**

Dann ist „im Zweifel anzunehmen", dass eine anwaltliche Tätigkeit gegeben ist (Abs. 2 Satz 2 BNotO).

**6. Wann entsteht die Geschäftsgebühr und nach welcher Vorschrift?**

Die Geschäftsgebühr entsteht gemäß § 118 I 1 BRAGO für das Betreiben des Geschäfts einschließlich der Information.

**7. Welche Art von Gebühr ist die Geschäftsgebühr und welche Tätigkeiten deckt sie ab?**

Sie umfasst als *Tätigkeitsgruppengebühr* oder auch *Tätigkeitsgebühr* die gesamte Tätigkeit des Rechtsanwalts bis zur Erledigung des ihm übertragenen Geschäftes. Dazu gehören zahlreiche Tätigkeiten, die zur Abwicklung des Auftrages erforderlich waren, z. B. die mündliche oder schriftliche Entgegennahme der Information, sämtliche Besprechungen mit dem Mandanten, Schreiben an den Gegner, Stellungnahmen zu Äußerungen des Gegners, Ermittlung von Adressen usw.

**8. Was gilt für die Geschäftsgebühr, wenn sich in derselben Angelegenheit ein gerichtliches oder behördliches Verfahren anschließt?**

Dann wird die Geschäftsgebühr gemäß § 118 II BRAGO hierauf angerechnet (sie fällt weg).

**9. Wann kommt der Schuldner in den Zahlungsverzug?**

wenn er nicht rechtzeitig (also vertragsgemäß) leistet, obwohl die Leistung fällig und angemahnt ist oder 30 Tage seit Zugang der Rechnung verstrichen sind.

**10. Welches sind also die Voraussetzungen des Zahlungsverzuges?**

Fälligkeit der Leistung

Verschulden an der Leistungsverspätung bei Stückschulden, nicht jedoch
bei Geld- und Gattungsschulden
Zugang einer Mahnung
Ohne Mahnung oder Fälligkeit an einem Kalendertag kommt der Schuldner 30 Tage nach Fälligkeit und Zugang einer Rechnung oder einer
gleichwertigen Zahlungsaufforderung in Verzug.

**11. Wann ist eine Mahnung nicht erforderlich?**

wenn die Leistung an einem bestimmten Kalendertag fällig ist.

**12. Welche Zinsen kann der Gläubiger im Falle des Verzuges geltend machen?**

ohne Schadensnachweis in Höhe von 5 % über dem Basiszinssatz
bei Wechsel- und Scheckforderungen 2 % über dem jeweiligen Bundesdiskontsatz, mindestens aber 6 %;
Höhere Zinsen kann der Gläubiger nur verlangen, wenn sie entweder vertraglich vereinbart sind oder
als Schadensersatzforderung geltend gemacht werden.

**13. Auf der Rechnung steht: „Zahlbar binnen 30 Tagen ab Lieferung". Muss der Gläubiger nach der Lieferung noch mahnen?**

Ja, weil eine Mahnung nur bei einem klaren Kalenderdatum entbehrlich ist.

**14. Was kann der Schuldner tun, wenn er, ohne sich im Verzug zu befinden, verklagt wird, den Anspruch aber bezahlen muss?**

Er wird den Kaufpreisanspruch sofort anerkennen, jedoch beantragen, die Kosten dem Kläger selbst aufzuerlegen.

**15. Mit welcher Begründung wird der Schuldner so vorgehen, auf welche Vorschrift wird er sich hierbei stützen können?**

Er wird sich auf § 93 ZPO berufen können und vortragen, er habe keine „Veranlassung zur Klageerhebung" gegeben.

**16. Aus welchen Teilen besteht ein anwaltliches Aufforderungsschreiben?**

Es enthält neben der Angabe des Schuldners (Empfängers) und
des Gläubigers (Mandanten)
die Erklärung des Rechtsanwalts, dass er zum Vertreter des Gläubigers bestellt worden ist,
die Schilderung des Sachverhalts,
die Zahlungsaufforderung mit Fristsetzung
und die Aufforderung, auch die Kosten der Inanspruchnahme des Rechtsanwalts zu überweisen.

**17. Wie z. B. lautet die Formulierung einer gerichtlichen Androhung bei einem Aufforderungsschreiben *ohne* Klageauftrag?**

„Nach fruchtlosem Fristablauf werde ich meinem Mandanten empfehlen, Klage einzureichen."

**18. Wie lautet die gerichtliche Androhung bei einem Aufforderungsschreiben *mit* Klageauftrag?**

„Nach fruchtlosem Fristablauf werde ich unverzüglich Klage einreichen."

## 2.7    Lösungen zum Trainingsteil

**Lösung zu Aufgabe 4**

**Außergerichtliche Gebühren** können nicht berechnet werden, die ursprünglich entstandene Geschäftsgebühr wird durch die spätere Prozessgebühr verdrängt (§ 118 II BRAGO).

**Gebühren im Zivilprozess**

Gegenstandswert: 2.500,00 DM

| | |
|---|---:|
| 10/10 Prozessgebühr, §§ 11, 31 I 1 BRAGO | 210,00 DM |
| 10/10 Verhandlungsgebühr, §§ 11, 31 I 2 BRAGO | 210,00 DM |
| Postentgelte, §§ 11, 26 BRAGO | 40,00 DM |
| 16 % Umsatzsteuer, § 25 II BRAGO | 73,60 DM |
| Summe: | 533,60 DM |

**Lösung zu Aufgabe 5**

Gegenstandswert : 12.000,00 DM

| | |
|---|---:|
| 10/10 Geschäftsgebühr, §§ 11, 12, 118 I 1 BRAGO | 665,00 DM |
| Postentgelte, §§ 11, 26 BRAGO | 40,00 DM |
| Zwischensumme: | 705,00 DM |
| 16 % Umsatzsteuer, § 25 II BRAGO | 112,80 DM |
| Aufwendungen für Anfragen, § 670 BGB | 155,00 DM |
| Summe: | 972,80 DM |

**Lösung zu Aufgabe 6**

Gegenstandswert: 12.500,00 DM

| | |
|---|---:|
| 7,5/10 Geschäftsgebühr, §§ 11, 12, 118 I 1 BRAGO | 551,30 DM |
| Postentgelte, §§ 11, 26 BRAGO | 40,00 DM |
| 16 % Umsatzsteuer, § 25 II BRAGO | 94,61 DM |
| Summe: | 685,91 DM |

**Lösung zu Aufgabe 7**

Gegenstandswert: 3.400,00 DM

| | |
|---|---:|
| 5/10 Prozessgebühr, §§ 11, 32 I BRAGO | 132,50 DM |
| Postentgelte, §§ 11, 26 BRAGO | 19,90 DM |
| 16 % Umsatzsteuer, § 25 II BRAGO | 24,38 DM |
| Summe: | 176,78 DM |

# 3 Die Konfrontation mit dem Gegner: Die Besprechungsgebühr, § 118 I 2 BRAGO

Im Zivilprozess wird vor Gericht im Termin „verhandelt", d. h. die Parteien stellen Anträge mit der Kostenfolge des § 31 I 2 BRAGO. Oder die Sach- und Rechtslage wird „erörtert", dann muss geprüft werden, ob eine Gebühr nach § 31 I 4 BRAGO berechnet werden kann. Außergerichtlich werden natürlich keine Anträge gestellt, aber besprochen wird die Sach- und Rechtslage gelegentlich schon – dann ist § 118 I 2 BRAGO einschlägig.

## 3.1 Grundlagen

Überlegen Sie folgenden Fall:

**Fall 8 (Der einsichtige Gegner)**

> Martens beauftragt Rechtsanwalt Rasche, für ihn in einer Schadensersatzangelegenheit tätig zu werden, jedoch noch keine Klage einzureichen. Es handelt sich um Ersatzansprüche in Höhe von 4.300,00 DM.
>
> Ein anwaltliches Aufforderungsschreiben bleibt ohne Erfolg. In einem persönlichen Gespräch erörtert Rechtsanwalt Rasche mit dem Gegner die Sach- und Rechtslage, und schließlich zeigt dieser Einsicht und findet sich bereit, die geltend gemachte Forderung zu begleichen.
>
> Welche Kosten kann Rechtsanwalt Rasche berechnen?

Hier hat Rechtsanwalt Rasche mehr getan als in unseren bisherigen Fällen: Er hat die Sach- und Rechtslage mit dem Gegner auftragsgemäß besprochen und damit den Gebührentatbestand des § 118 I 2 BRAGO erfüllt.

> Die Besprechungsgebühr entsteht gemäß § 118 I 2 BRAGO „für das Mitwirken bei mündlichen Verhandlungen oder Besprechungen über tatsächliche oder rechtliche Fragen, die von einem Gericht oder einer Behörde angeord-

> net oder im Einverständnis mit dem Auftraggeber vor einem Gericht oder einer Behörde, mit dem Gegner oder mit einem Dritten geführt werden."

Diese umfassende außergerichtliche Gebühr ist vergleichbar mit der im Zivilprozess entstehenden Verhandlungsgebühr des § 31 I 2 BRAGO.

Rechtsanwalt Rasche war beauftragt, mit dem Gegner die Streitigkeit zu besprechen. Die Kostenrechnung zu Fall 8 dürfte für Sie kein Problem mehr sein. Gehen Sie wie bisher von einer Mittelgebühr aus.

Die Lösung finden Sie ab Seite 64.

**Hier ist Ihre Lösung:**

..................................................................................................................................................

..................................................................................................................................................

..................................................................................................................................................

..................................................................................................................................................

..................................................................................................................................................

Summe:
..................................................................................................................................................

Was halten Sie aber von folgendem Fall:

**Fall 9 (Der hartnäckige Mandant)**

> Rechtsanwalt Rasche wird von einem hartnäckigen Mandanten wegen eines Streitwerts von 900 DM immer wieder angerufen und beansprucht. In vier Besprechungsterminen musste er ihm die Sach- und Rechtslage und die Chancen eines Erfolgs erläutern. Auf ein anwaltliches Aufforderungsschreiben hin kommt der Gegner der Forderung nach. Kostenrechnung?

Die Lösung finden Sie ab Seite 65.

Der Rechtsanwalt hat die Sach- und Rechtslage häufig besprochen, aber entsteht auch eine Besprechungsgebühr? Hier hat der Rechtsanwalt nicht mit dem Gegner, sondern mit dem eigenen Mandanten die Sach- und Rechtslage erörtert. Das löst jedoch keine Besprechungsgebühr aus! Gehen Sie bei Ihrer Lösung einmal von einer 8/10 Gebühr aus! Haben Sie noch Probleme, eine solche Gebühr auszurechnen? Schauen Sie in diesem Fall im *Kapitel 1.4, Die Berechnung von Bruchteilsgebühren, auf Seite 21* nach!

**Ihre Lösung:**

Gegenstandswert: 900,00 DM

Summe: 96,05 DM

Ein weiterer Fall:

## Fall 10 (Die Sachstandsanfrage)

Mertens beauftragt Rechtsanwalt Rasche, für ihn in einer Verkehrsunfallsache tätig zu werden, jedoch noch keine Klage einzureichen. Ein anwaltliches Aufforderungsschreiben bleibt ohne Erfolg. Bei einer Sachstandsanfrage des R erfährt dieser, dass er den Schadensbetrag in ca. vier Wochen überwiesen bekommen werde. Gegenstandswert: 17.200,00 DM

In diesem Fall hat zwar Rechtsanwalt Rasche mit dem Gegner gesprochen - aber auch über die Sach- und Rechtslage? Ist die Kostenrechnung ein Problem für Sie?

**Ihre Lösung:**

Gegenstandswert: 17.200,00 DM

Summe: 807,71 DM

Nun, sie werden es sich gedacht haben: Eine bloße Sachstandsanfrage stellt keine Erörterung der Sach- und Rechtslage dar, sie löst also keine Besprechungsgebühr aus. Die Lösung finden Sie auf Seite *65*.

Eine andere Variante:

## Fall 11 (Die telefonische Besprechung)

Martens beauftragt Rechtsanwalt Rasche, für ihn außergerichtlich in einer Schadensersatzangelegenheit tätig zu werden. Ein anwaltliches Aufforderungsschreiben bleibt ohne Erfolg. Schließlich erörtert Rechtsanwalt Rasche

> telefonisch mit dem Gegner die Sach- und Rechtslage. Daraufhin wird gezahlt. - Der Gegenstandswert beträgt diesmal 12.500,00 DM.

**Die telefonische Erörterung**

Jetzt hat Rechtsanwalt Rasche, wie es § 118 I Nr. 2 BRAGO vorsieht, *„über tatsächliche oder rechtliche Fragen ... mit dem Gegner"* gesprochen. Reicht jedoch eine **telefonische Besprechung** aus? Aber natürlich! Die Möglichkeiten, die sich mit den Medien ergeben, werden immer umfangreicher und effektiver. Wichtig ist, dass man eine unmittelbare Konfrontation mit dem Gegner hat, bei der jeder sofort auf den anderen reagieren kann. Das ist auch fernmündlich möglich *(BFH NJW 70. 1704; LG Detmold AnwBl 80, 79; Hess. FG EFG 88, 257; Hansens, § 118 RdNr. 16).*

**Ihre Lösung:**

Gegenstandswert: 12.500,00 DM

Postentgelte, §§ 11, 26 BRAGO

16 % Umsatzsteuer, § 25 II BRAGO

Summe:

Die Lösung finden Sie auf Seite 65.

## 3.2    Weitere Voraussetzungen

Bisher sind wir nur auf den Fall eingegangen, dass der Rechtsanwalt die Sach- und Rechtslage im Einverständnis mit dem Auftraggeber mit dem Gegner besprochen hat. Die Besprechungsgebühr kann aber auch für das Mitwirken bei mündlichen Verhandlungen oder Besprechungen entstehen, die *von einem Gericht oder einer Behörde angeordnet* wurden.

**Der Begriff „Behörde"**

**Behörden** sind Organe des öffentlichen Rechts auf allen Ebenen des Staatsaufbaus, auf der Ebene der Gemeinde, des Kreises, des Landschaftsverbandes, des Landes, des Bundes und der EG. Weiterhin zählen hierzu aber auch Anordnungen von Universitäten, weiteren Körperschaften des öffentlichen Rechts, wie die Bundesanstalt für Arbeit, die Bundesversicherungsanstalt, Kammern wie die Rechtsanwaltskammer, Notarkammer und Industrie- und Handelskammer, sowie Anstalten des öffentlichen Rechts wie öffentliche Rundfunk- und Fernsehanstalten, staatliche Banken und Sparkassen.

Eine *Anordnung* kann förmlich (durch Ladung, Verfügung oder Beschluss) oder auch formlos erfolgen (schriftliche oder fernmündliche Bitte um Rücksprache).

Der Begriff „Anordnung"

## 3.3 Der nachfolgende Rechtsstreit

Nehmen wir einmal an, die außergerichtlichen Bemühungen des Rechtsanwalts haben dieses Mal keinen Erfolg:

**Fall 12 (Die erfolgreiche Klage nach erfolgloser Erörterung)**

Rechtsanwalt Rasche wird von Martens beauftragt, gegen Bertram wegen einer Kaufpreisforderung von 22.800 DM tätig zu werden. Da es sich bei Bertram um einen Geschäftsfreund handelt, erteilt Martens noch keinen Prozessauftrag. Ein von Rechtsanwalt Rasche formuliertes anwaltliches Aufforderungsschreiben bleibt erfolglos, ebenso ein Vergleichsgespräch mit Bertram.

Daraufhin erhebt Rasche nach entsprechender Bevollmächtigung Klage gegen Bertram. Im Termin verhandeln die Parteien streitig. Nach einer Beweisaufnahme ergeht ein Urteil.

Kostenrechnung für Rechtsanwalt Rasche für seine gerichtliche und außergerichtliche Tätigkeit?

Denken Sie daran, dass nach § 118 II BRAGO lediglich die Geschäftsgebühr *„auf die entsprechenden Gebühren für ein anschließendes gerichtliches oder behördliches Verfahren anzurechnen"* ist, die anderen Gebühren des § 118 II BRAGO jedoch bestehen bleiben, sofern sie überhaupt entstanden sind. Sie können in diesem Fall also zwei Kostenrechnungen erstellen, eine für die außergerichtliche und eine für die gerichtliche Tätigkeit. In beiden Fällen können Sie Postentgelte berechnen, die Geschäftsgebühr fällt jedoch weg, weil in derselben Angelegenheit eine Prozessgebühr entstanden ist.

**Ihre Lösung:**

**Die außergerichtliche Tätigkeit des Rechtsanwalts**

Gegenstandswert:                                   22.800,00 DM

7,5/10

**Gebühren im Zivilprozess**

Gegenstandswert:                                   22.800,00 DM

Die Lösung finden Sie im nachfolgenden Kapitel.

## 3.4   Lösungen zu den Fällen

**Lösung zu Fall 8**

Gegenstandswert: 4.300,00 DM

| | |
|---|---:|
| 7,5/10 Geschäftsgebühr, §§ 11, 12, 118 I 1 BRAGO | 240,00 DM |
| 7,5/10 Besprechungsgebühr, §§ 11, 12, 118 I 2 BRAGO | 240,00 DM |
| Postentgelte, §§ 11, 26 BRAGO | 40,00 DM |
| 16 % Umsatzsteuer, § 25 II BRAGO | 83,20 DM |
| Summe: | 603,20 DM |

Hierbei handelt es sich um einen leichten Ausgangsfall ohne jede weitere Besonderheit.

**Lösung zu Fall 9**

Gegenstandswert: 900,00 DM

| | |
|---|---:|
| 8/10 Geschäftsgebühr, §§ 11, 12, 118 I 1 BRAGO | 72,00 DM |
| Postentgelte, §§ 11, 26 BRAGO | 10,80 DM |
| 16 % Umsatzsteuer, § 25 II BRAGO | 13,25 DM |
| Summe: | 96,05 DM |

Die Berechnung von Bruchteilsgebühren hatten wir ja schon geübt.

**Lösung zu Fall 10**

Gegenstandswert: 17.200,00 DM

| | |
|---|---:|
| 7,5/10 Geschäftsgebühr, §§ 11, 12, 118 I 1 BRAGO | 656,30 DM |
| Postentgelte, §§ 11, 26 BRAGO | 40,00 DM |
| 16 % Umsatzsteuer, § 25 II BRAGO | 111,41 DM |
| Summe: | 807,71 DM |

Die Sachstandsanfrage zählt gebührenrechtlich nicht!

**Lösung zu Fall 11**

Gegenstandswert: 12.500,00 DM

| | |
|---|---:|
| 7,5/10 Geschäftsgebühr, §§ 11, 12, 118 I 1 BRAGO | 551,30 DM |
| 7,5/10 Besprechungsgebühr, §§ 11, 12, 118 I 2 BRAGO | 551,30 DM |
| Postentgelte, §§ 11, 26 BRAGO | 40,00 DM |
| 16 % Umsatzsteuer, § 25 II BRAGO | 182,82 DM |
| Summe: | 1.325,42 DM |

Hauptsache, die Sach- und Rechtslage wird mit dem Gegner erörtert, egal, ob mündlich oder fernmündlich!

**Lösung zu Fall 12**

**Die außergerichtliche Tätigkeit des Rechtsanwalts**

Gegenstandswert: 22.800,00 DM

| | |
|---|---:|
| 7,5/10 Besprechungsgebühr, §§ 11, 12, 118 I 2 BRAGO | 768,80 DM |
| Postentgelte, §§ 11, 26 BRAGO | 40,00 DM |
| 16 % Umsatzsteuer, § 25 II BRAGO | 129,41 DM |
| Summe: | 938,21 DM |

**Gebühren im Zivilprozess**

Gegenstandswert: 22.800,00 DM

| | |
|---|---:|
| 10/10 Prozessgebühr, §§ 11, 31 I 1 BRAGO | 1.025,00 DM |
| 10/10 Verhandlungsgebühr, §§ 11, 31 I 2 BRAGO | 1.025,00 DM |
| 10/10 Beweisgebühr, §§ 11, 31 I 3 BRAGO | 1.025,00 DM |
| Postentgelte, §§ 11, 26 BRAGO | 40,00 DM |
| 16 % Umsatzsteuer, § 25 II BRAGO | 498,40 DM |
| Summe: | 3.613,40 DM |

Endlich ein Fall mit nachfolgendem Zivilprozess!

## 3.5   Trainingsteil

Sie sollten auch mit Kurzfassungen von Fällen klarkommen. Die Lösungen zu diesen Trainingsaufgaben finden Sie im Kapitel

**Aufgabe 8**

**Anwaltliches Aufforderungsschreiben ohne Klageauftrag, Besprechung der Sach- und Rechtslage mit dem Gegner, Zahlung. Gegenstandswert: 220.000,00 DM.**

**Aufgabe 9**

**Rechtsanwalt R fertigt ein Aufforderungsschreiben über 6.320,00 DM ohne Klageauftrag. Nach einer telefonischen Sachstandsanfrage zahlt der Gegner.**

**Aufgabe 10**

Anwaltliches Aufforderungsschreiben ohne Klageauftrag über 35.000,00 DM, nach Besprechungen unseres RA mit dem sozial schwachen Mandanten zahlt der Gegner fristgerecht. – Gehen Sie von einem Gebührensatz von 6/10 aus!

**Aufgabe 11**

Rechtsanwalt Rasche formuliert ein anwaltliches Aufforderungsschreiben ohne Klageauftrag.

Nach einer erfolglosen Besprechung der Angelegenheit mit dem Gegner reicht Rechtsanwalt Rasche Klage ein, streitige mündliche Verhandlung, Beweisaufnahme mit Weiterverhandlung, Urteil. - Gegenstandswert: 16.500,00 DM

**Aufgabe 12**

Anwaltliches Aufforderungsschreiben ohne Klageauftrag über 12.500,00 DM, telefonische Erörterung der Sach- und Rechtslage mit dem Gegner, Zahlung.

# 3.6 Testen Sie sich selbst: Test- und Prüfungsfragen

1. **Wann entsteht die Besprechungsgebühr?**

   Die Besprechungsgebühr entsteht für die Erörterung tatsächlicher oder rechtlicher Fragen.

2. **Auf wessen Veranlassung hin kann eine Besprechung erfolgen?**

   Die Besprechung muss von einem Gericht oder einer Behörde angeordnet werden oder im Einverständnis mit dem Auftraggeber erfolgen.

3. **Vor wem muss eine Besprechung stattfinden, wenn hierdurch eine Gebühr nach § 118 I 1 BRAGO ausgelöst werden soll?**

   Die Besprechung muss vor einem Gericht oder einer Behörde oder mit dem Gegner bzw. einem Dritten unmittelbar geführt werden.

4. **Mit welcher prozessrechtlichen Gebühr ist die Besprechungsgebühr vergleichbar?**

Die Besprechungsgebühr ist vergleichbar mit der Verhandlungsgebühr des
§ 31 I 2 BRAGO.

**5. Entsteht die Besprechungsgebühr auch bei einer Besprechung mit
dem eigenen Mandanten?**

Nein, sie entsteht nur bei einer Erörterung mit dem *Gegner* oder *Dritten*.

**6. Nennen Sie ein weiteres Beispiel, bei dem eine Besprechungsgebühr
*nicht* entsteht!**

bei einer bloßen Sachstandsanfrage

**7. Entsteht die Besprechungsgebühr auch bei einer *telefonischen* Erörte-
rung tatsächlicher oder rechtlicher Fragen mit dem Gegner?**

Ja, es kommt auf die Erörterung tatsächlicher oder rechtlicher Fragen mit
dem Gegner an, nicht darauf, ob das Gespräch „unter vier Augen" statt-
fand.

**8. Was sind Behörden?**

Behörden sind Organe des öffentlichen Rechts auf allen Ebenen des
Staatsaufbaus, auf der Ebene der Gemeinde, des Kreises, des Landschaftsverbandes, des Landes, des Bundes und der EG.

**9. Eine Besprechungsgebühr kann für Erörterungen entstehen, die von
einem Gericht oder einer Behörde angeordnet wurden. Nennen Sie
Beispiele von Behörden!**

Beispiele von Behörden sind Universitäten,
weitere Körperschaften des öffentlichen Rechts wie z. B. die Bundesanstalt für Arbeit und die Bundesversicherungsanstalt,
Kammern wie die Rechtsanwaltskammer, Notarkammer und Industrie-
und Handelskammer, sowie
Anstalten des öffentlichen Rechts wie öffentliche Rundfunk- und Fernsehanstalten, staatliche Banken und Sparkassen.

**10. Was bedeutet eine Anordnung im Sinne des § 118 I 2 BRAGO?**

Eine Anordnung kann förmlich (durch Ladung, Verfügung oder Beschluss) oder auch formlos erfolgen (schriftliche oder fernmündliche Bitte
um Rücksprache).

**11. Wird die Besprechungsgebühr durch die im nachfolgenden Zivilprozess entstandenen Gebühren verdrängt?**

Nein, verdrängt wird nur die Geschäftsgebühr.

# 3.7 Lösungen zum Trainingsteil

### Lösung zu Aufgabe 8

Gegenstandswert: 220.000,00 DM

| | |
|---|---:|
| 7,5/10 Geschäftsgebühr, §§ 11, 12, 118 I 1 BRAGO | 2.073,80 DM |
| 7,5/10 Besprechungsgebühr, §§ 11, 12, 118 I 2 BRAGO | 2.073,80 DM |
| Postentgelte, §§ 11, 26 BRAGO | 40,00 DM |
| 16 % Umsatzsteuer, § 25 II BRAGO | 670,02 DM |
| Summe: | 4.857,62 DM |

### Lösung zu Aufgabe 9

Gegenstandswert: 6.320,00 DM

| | |
|---|---:|
| 7,5/10 Geschäftsgebühr, §§ 11, 12, 118 I 1 BRAGO | 322,50 DM |
| Postentgelte, §§ 11, 26 BRAGO | 40,00 DM |
| 16 % Umsatzsteuer, § 25 II BRAGO | 58,00 DM |
| Summe: | 420,50 DM |

### Lösung zu Aufgabe 10

Gegenstandswert: 35.000,00 DM

| | |
|---|---:|
| 6/10 Geschäftsgebühr, §§ 11, 12, 118 I 1 BRAGO | 711,00 DM |
| Postentgelte, §§ 11, 26 BRAGO | 40,00 DM |
| 16 % Umsatzsteuer, § 25 II BRAGO | 120,16 DM |
| Summe: | 871,16 DM |

**Lösung zu Aufgabe 11**

**Kostenrechnung für die außergerichtliche Tätigkeit:**

Gegenstandswert: 16.500,00 DM

| | |
|---|---:|
| 7,5/10 Besprechungsgebühr, §§ 11, 12, 118 I 2 BRAGO | 656,30 DM |
| Postentgelte, §§ 11, 26 BRAGO | 40,00 DM |
| 16 % Umsatzsteuer, § 25 II BRAGO | 111,41 DM |
| Summe: | 807,71 DM |

**Gebühren im Zivilprozess: Gegenstandswert:**

Gegenstandswert: 16.500,00 DM

| | |
|---|---:|
| 10/10 Prozessgebühr, §§ 11, 31 I 1 BRAGO | 875,00 DM |
| 10/10 Verhandlungsgebühr, §§ 11, 31 I 2 BRAGO | 875,00 DM |
| 10/10 Beweisgebühr, §§ 11, 31 I 3 BRAGO | 875,00 DM |
| Postentgelte, §§ 11, 26 BRAGO | 40,00 DM |
| 16 % Umsatzsteuer, § 25 II BRAGO | 426,40 DM |
| Summe: | 3.091,40 DM |

**Lösung zu Aufgabe 12**

Gegenstandswert: 12.500,00 DM

| | |
|---|---:|
| 7,5/10 Geschäftsgebühr, §§ 11, 12, 118 I 1 BRAGO | 551,30 DM |
| 7,5/10 Besprechungsgebühr, §§ 11, 12, 118 I 2 BRAGO | 551,30 DM |
| Postentgelte, §§ 11, 26 BRAGO | 40,00 DM |
| 16 % Umsatzsteuer, § 25 II BRAGO | 182,82 DM |
| Summe: | 1.325,42 DM |

# 4 Bei Tatsachenüberprüfung: Die Beweisaufnahmegebühr

Vom Namen her hört es sich so an, als ob außergerichtlich eine Beweisaufnahmegebühr gar nicht entstehen kann. Das stimmt aber nicht. Auch ist die Beweisaufnahmegebühr des § 118 I 3 BRAGO von der Beweisgebühr des § 31 I 3 BRAGO streng zu unterscheiden.

## 4.1 Entstehung

Hatten wir bei der Besprechungsgebühr die Parallele zur Verhandlungsgebühr des § 31 I 2 BRAGO gezogen, so entspricht die Beweisaufnahmegebühr des § 118 I 3 BRAGO der Beweisgebühr des § 31 I 3 BRAGO im Zivilprozess.

> Nach § 118 I 3 BRAGO entsteht eine Beweisaufnahmegebühr „für das Mitwirken bei Beweisaufnahmen, die von einem Gericht oder von einer Behörde angeordnet worden sind".     *Entstehung*

Der Begriff *Anordnung* setzt keinen formellen Beweisbeschluss voraus. Es reicht aus, wenn aus der Terminierung deutlich wird, dass Tatsachen festgestellt werden sollen.     *Anordnungen*

**BEISPIELE:**

- In einer FGG-Angelegenheit holt der Nachlassrichter ein Gutachten eines Schriftsachverständigen im Erbschaftsverfahren/Erbscheinsverfahren ein oder

- in derselben Angelegenheit werden (ohne Beweisbeschluss) Zeugen zur Testierfähigkeit des Erblassers vernommen.

- Im Kriegsdienstverweigerungsverfahren wird der Kläger angehört oder

- eine Baubehörde führt in einem Baugenehmigungsverfahren einen Ortstermin durch.

### Fall 13  (Die Legionellen-Infektion)

Rechtsanwalt Rasche verfolgt außergerichtlich einen Anspruch seines Mandanten gegen eine Stadt als Trägerin eines Hallenbades. Dort hatten sich mehrere Personen, unter ihnen auch sein Mandant, eine Legionellen-Infektion zugezogen. Rasche macht hierfür die Stadt verantwortlich und beziffert den entstandenen Schaden auf 35.000,00 DM.

Nachdem ein Aufforderungsschreiben und eine telefonische Besprechung mit der Stadt erfolglos waren, findet eine Prüfung des Hallenbades mit Rechtsanwalt Rasche, Vertretern der Stadt und einem Sachverständigen statt. Den zahlreichen Ausführungen hört Rechtsanwalt Rasche lediglich aufmerksam zu, stellt jedoch keine Zwischenfragen und lässt sich auch nicht weiter zur Sache ein. Die Parteien trennen sich ohne weitere Besprechung, doch nach einiger Zeit wird der begehrte Betrag von der Stadt überwiesen.

Welche Kosten kann Rechtsanwalt Rasche der Gegnerin in Rechnung stellen?

**Die Tätigkeit beim Beweisaufnahmetermin**

Der Wortlaut des § 118 I 3 BRAGO setzt ein *„Mitwirken"* des Rechtsanwalts bei der Beweisaufnahme voraus. Im Gegensatz zur Beweisgebühr des § 31 I 1 BRAGO zählt hier übrigens die Tätigkeit des Rechtsanwalts außerhalb des Termins nicht mit. Es kommt bei der Beweisaufnahmegebühr darauf an, ob der Rechtsanwalt den Beweistermin überhaupt wahrgenommen hat. Das ist in unserem Fall zu bejahen. Es ist jedoch nicht erforderlich, dass sich der Rechtsanwalt aktiv in die Beweisaufnahme einmischt. Es reicht aus, dass er, wie in unserem Fall, die Beweisaufnahme und ihr Ergebnis mitverfolgt. – Weiteres Problem: Ist wohl eine Besprechungsgebühr angefallen?

Damit wird es Zeit für die Kostenrechnung:

**Ihre Lösung:**

| | |
|---|---|
| Gegenstandswert: | 35.000,00 DM |
| | |
| | |
| | |
| | |
| | |
| Summe: | 3.139,42 DM |

Die Lösung finden Sie auf Seite 77.

# 4.2 Wann keine Beweisaufnahmegebühr entsteht

Aus dem bisher Gesagten folgt, dass eine Mitwirkung fehlt und demgemäß eine Beweisaufnahmegebühr nicht entsteht, wenn

- der Rechtsanwalt lediglich ein *Protokoll* über eine Beweisaufnahme zur Stellungnahme zugesandt bekommt, ohne in dem Termin selbst anwesend gewesen zu sein; *Beispiele ohne Beweisaufnahmegebühr*

- die Behörde *nur Akten beizieht* und verwertet, ohne den Rechtsanwalt zu informieren; (siehe jedoch unten die sog. Beiziehung zu Beweiszwecken im Sinne des § 34 II BRAGO);

- zwar eine Beweisanordnung über die Vernehmung eines Zeugen ergeht, *der Zeuge jedoch nicht gehört wird (OLG Düsseldorf, JurBüro 90, 724; 91, 826; Hansens § 118 RdNr. 40).* Prüft der Rechtsanwalt diese Beweisanordnung, so reicht das für eine Besprechungsgebühr nicht aus.

- Fragt der Rechtsanwalt von sich aus Personen, die als *Zeugen* in Betracht kommen, oder

- *besichtigt* er lediglich mit einem Vertreter der gegnerischen Versicherung den Unfallort, so löst dies eine Beweisaufnahmegebühr nicht aus *(Hansens, § 118 RdNr. 38).*

- Da nach § 118 I 3 HS. 2 der § 34 BRAGO sinngemäß gilt, entsteht eine Beweisaufnahmegebühr auch dann nicht, wenn die Beweisaufnahme lediglich in der *Vorlegung* der in den Händen des Beweisführers oder des Gegners befindlichen *Urkunden* besteht.

## BEISPIEL:

Eine Beweisaufnahmegebühr entsteht also nicht, wenn der Rechtsanwalt zum Beweis Urkunden vorlegt, die sich in den Händen des Gegners befunden haben.

**Andererseits gilt jedoch auch § 34 II BRAGO:**

Werden Akten oder Urkunden beigezogen, so erhält der Rechtsanwalt die Beweisgebühr nur, wenn die Akten oder Urkunden durch Beweisbeschluss oder sonst erkennbar zum Beweis beigezogen oder als Beweis verwertet werden.

Eine *Beiziehung* im Sinne des entsprechend heranzuziehenden § 34 II BRAGO liegt dann vor, wenn sie allein durch das Gericht erfolgen kann

*(OLG Düsseldorf JurBüro 87, 860).* In einem solchen Fall kann eine Beweisaufnahmegebühr entstehen.

## 4.3    Der nachfolgende Rechtsstreit

Welche Gebühren sind zu berechnen, wenn der Rechtsanwalt in derselben Angelegenheit doch noch Klage einreichen muss?

### Fall 14 (Das erfolglose Ortsgespräch)

Martens beauftragt Rechtsanwalt Rasche, für ihn in einer Bausache tätig zu werden, jedoch noch keine Klage einzureichen. Es handelt sich um Ansprüche in Höhe von 50.000,00 DM.

Ein anwaltliches Aufforderungsschreiben bleibt ohne Erfolg. In einem Telefongespräch erörtert Rechtsanwalt Rasche mit dem Bauamt die Sach- und Rechtslage, ohne jedoch eine Einigung herbeizuführen.

In einem daraufhin anberaumten Ortstermin findet sich schließlich die Stadt ebenfalls nicht bereit, dem Begehren stattzugeben.

Daraufhin reicht Rechtsanwalt Rasche Klage ein. Nach einer streitigen mündlichen Verhandlung und einer Beweisaufnahme ergeht ein Urteil. - Welche kann Rechtsanwalt Rasche der Gegnerin in Rechnung stellen?

**Keine Anrechnung im Zivilprozess** Nach § 118 II 1 BRAGO ist lediglich die Geschäftsgebühr auf die Prozessgebühr des nachfolgenden gerichtlichen Verfahrens anzurechnen. Eine solche Anrechnungsvorschrift fehlt nicht nur für die Besprechungsgebühr, sondern auch für die Beweisaufnahmegebühr. Diese bleibt also bestehen, so dass das oben zur Besprechungsgebühr Gesagte für die Beweisaufnahmegebühr entsprechend gilt. Es können also zwei Kostenrechnungen mit jeweils gesondert in Rechnung gestellten Postentgelten formuliert werden:

**Ihre Lösung:**

**Die außergerichtliche Tätigkeit**

Gegenstandswert: 50.000,00 DM

Summe:

**Gebühren im Zivilprozess:**

Gegenstandswert: 50.000,00 DM

Summe:

Haben Sie Zweifel an Ihrer Lösung? Schauen Sie im folgenden Kapitel nach. Ich meine, die Lösung müsste verständlich sein.

Nehmen wir eine weitere Variante:

**Fall 15 (Die Klage um einen höheren Gegenstandswert)**

Martens beauftragt Rechtsanwalt Rasche, seine Interessen außergerichtlich wegen einer Forderung von 11.500,00 DM wahrzunehmen. Auftragsgemäß bespricht sich Rechtsanwalt Rasche mit dem Gegner, um nach Möglichkeit eine vergleichsweise Regelung herbeizuführen, bleibt jedoch erfolglos.

Nachdem auch ein Ortstermin erfolglos blieb, beauftragt Martens Rechtsanwalt Rasche mit der gerichtlichen Wahrnehmung seiner Rechte. Rechtsanwalt Rasche reicht Klage über nunmehr 15.000,00 DM ein. Nach einer Erörterung der Sach- und Rechtslage im Termin, drei streitigen Verhandlungen und zwei Beweisaufnahmen mit Weiterverhandlung ergeht ein Urteil.

Erstellen Sie die Kostenrechnung für Rechtsanwalt Rasche!

Irritiert es Sie, dass der Gegenstandswert im Zivilprozess höher ist als bei der außergerichtlichen Tätigkeit?

**Hier ist Ihre Lösung:**

**Außergerichtliche Gebühren**

Gegenstandswert:

Summe:

**Gebühren im Zivilprozess**

Gegenstandswert:

Summe:

Die Lösung finden Sie im folgenden Kapitel.

Damit sollten Sie die Grundlagen der Gebühren des § 118 BRAGO verstanden haben. Jetzt geht es in den nachfolgenden Unterkapiteln, sie auch wirklich zu beherrschen und anwenden zu können!

# 4.4    Lösungen zu den Fällen

**Lösung zu Fall 13**

Gegenstandswert: 35.000,00 DM

| | |
|---|---:|
| 7,5/10 Geschäftsgebühr, §§ 11, 12, 118 I 1 BRAGO | 888,80 DM |
| 7,5/10 Besprechungsgebühr, §§ 11, 12, 118 I 2 BRAGO | 888,80 DM |
| 7,5/10 Beweisaufnahmegebühr, §§ 11, 12, 118 I 3 BRAGO | 888,80 DM |
| Postentgelte, §§ 11, 26 BRAGO | 40,00 DM |
| 16 % Umsatzsteuer, § 25 II BRAGO | 433,02 DM |
| Summe: | 3.139,42 DM |

Die Beweisaufnahmegebühr ist entstanden, der Rechtsanwalt hat den Termin wahrgenommen. Es kann gute Gründe geben, dass er sich in diesem Termin zunächst einmal zurückhält.

**Lösung zu Fall 14**

**Die außergerichtliche Tätigkeit**

Gegenstandswert: 50.000,00 DM

| | |
|---|---:|
| 7,5/10 Besprechungsgebühr, §§ 11, 12, 118 I 2 BRAGO | 1.068,80 DM |
| 7,5/10 Beweisaufnahmegebühr, §§ 11, 12, 118 I 3 BRAGO | 1.068,80 DM |
| Postentgelte, §§ 11, 26 BRAGO | 40,00 DM |
| 16 % Umsatzsteuer, § 25 II BRAGO | 348,42 DM |
| Summe: | 2.526,02 DM |

**Gebühren im Zivilprozess:**

Gegenstandswert: 50.000,00 DM

| | |
|---|---:|
| 10/10 Prozessgebühr, §§ 11, 31 I 1 BRAGO | 1.425,00 DM |
| 10/10 Verhandlungsgebühr, §§ 11, 31 I 2 BRAGO | 1.425,00 DM |
| 10/10 Beweisgebühr, §§ 11, 31 I 3 BRAGO | 1.425,00 DM |
| Postentgelte, §§ 11, 26 BRAGO | 40,00 DM |
| 16 % Umsatzsteuer, § 25 II BRAGO | 690,40 DM |
| Summe: | 5.005,40 DM |

Die außergerichtlich entstandene Besprechungsgebühr und Beweisaufnahmegebühr bleiben trotz des Zivilprozesses bestehen!

**Lösung zu Fall 15**

**Außergerichtliche Gebühren**

Gegenstandswert: 11.500,00 DM

| | |
|---|---:|
| 7,5/10 Besprechungsgebühr, §§ 11, 12, 118 I 2 BRAGO | 498,80 DM |
| 7,5/10 Beweisaufnahmegebühr, §§ 11, 12, 118 I 3 BRAGO | 498,80 DM |
| Postentgelte, §§ 11, 26 BRAGO | 40,00 DM |
| 16 % Umsatzsteuer, § 25 II BRAGO | 166,02 DM |
| Summe: | 1.203,62 DM |

**Gebühren im Zivilprozess**

Gegenstandswert: 15.000,00 DM

| | |
|---|---:|
| 10/10 Prozessgebühr, §§ 11, 31 I 1 BRAGO | 805,00 DM |
| 10/10 Verhandlungsgebühr, §§ 11, 31 I 2 BRAGO | 805,00 DM |
| 10/10 Beweisgebühr, §§ 11, 31 I 3 BRAGO | 805,00 DM |
| Postentgelte, §§ 11, 26 BRAGO | 40,00 DM |
| 16 % Umsatzsteuer, § 25 II BRAGO | 392,80 DM |
| Summe: | 2.847,80 DM |

Die Geschäftsgebühr wird erst recht durch einen noch höheren Gegenstandswert im Zivilprozess verdrängt.


# 4.5 Trainingsteil

Die Lösungen zu den nachfolgenden Aufgaben finden Sie ab Seite 81.

**Aufgabe 13**

**Martens beauftragt Rechtsanwalt Rasche, für ihn in einer Verkehrsunfallsache tätig zu werden, jedoch noch keine Klage einzureichen. Es handelt sich um Ansprüche in Höhe von 22.600,00 DM gegen eine Stadt als**

Träger der Straßenbaulast und Verkehrssicherungspflicht. Ein anwaltliches Aufforderungsschreiben bleibt ohne Erfolg.

In einem Telefongespräch erörtert Rechtsanwalt Rasche mit der Stadt die Sach- und Rechtslage, ohne jedoch eine Einigung herbeizuführen. Schließlich findet zur Tatsachenfeststellung ein Ortstermin statt, bei dem die Beklagte jedoch immer noch nicht zur Zahlung bereit ist.

Daraufhin erhebt Rechtsanwalt Rasche Klage gegen die Stadt auf Zahlung von 22.600,00 DM. Nach einer streitigen mündlichen Verhandlung und einer Beweisaufnahme ergeht ein Urteil.

Aufgabe: Erstellen Sie für Rechtsanwalt Rasche die Kostenrechnung über alle entstandenen außergerichtlichen und gerichtlichen Gebühren und Postentgelte!

## Aufgabe 14

Martens beauftragt Rechtsanwalt Rasche, für ihn in einer Bausache tätig zu werden, jedoch noch keine Klage einzureichen. Es handelt sich um Ansprüche in Höhe von 8.500,00 DM. Ein anwaltliches Aufforderungsschreiben bleibt ohne Erfolg.

In einem Telefongespräch erörtert Rechtsanwalt Rasche mit dem Bauamt die Sach- und Rechtslage, ohne jedoch eine Einigung herbeizuführen.

In einem daraufhin anberaumten Ortstermin kommt ebenfalls keine Einigung zustande.

Daraufhin reicht Rechtsanwalt Rasche Klage ein. Nach einer streitigen mündlichen Verhandlung und einer Beweisaufnahme ergeht ein Urteil. - Welche Kosten kann Rechtsanwalt Rasche der Gegnerin in Rechnung stellen?

## Aufgabe 15

Martens beauftragt Rechtsanwalt Rasche, seine Interessen außergerichtlich wegen einer Forderung von 90.000,00 DM wahrzunehmen. Auftragsgemäß bespricht sich Rechtsanwalt Rasche mit dem Gegner, um nach Möglichkeit eine vergleichsweise Regelung herbeizuführen, bleibt jedoch erfolglos.

Nachdem auch ein Ortstermin zu keiner Einigung führt, beauftragt Martens Rechtsanwalt Rasche mit der gerichtlichen Wahrnehmung seiner Rechte. Rechtsanwalt Rasche reicht Klage über nunmehr 120.000,00 DM ein. Nach einer Erörterung der Sach- und Rechtslage im Termin, einer streitigen Verhandlung und zwei Beweisaufnahmen mit Weiterverhandlungen ergeht ein Urteil.

## 4.6    Testen Sie sich selbst: Test- und Prüfungsfragen

1. **Wann entsteht eine Beweisaufnahmegebühr und nach welcher Vorschrift?**

   Nach § 118 I 3 BRAGO entsteht eine Beweisaufnahmegebühr „für das Mitwirken bei Beweisaufnahmen, die von einem Gericht oder von einer Behörde angeordnet worden sind".

2. **Setzt der Begriff „Anordnung" einen formellen Beweisbeschluss voraus?**

   Nein, es reicht aus, wenn aus der Terminierung deutlich wird, dass Tatsachen festgestellt werden sollen.

3. **Nennen Sie Beispiele!**

   In einer FGG-Angelegenheit holt der Nachlassrichter ein Gutachten eines Schriftsachverständigen im Erbschaftsverfahren/Erbscheinsverfahren ein; in derselben Angelegenheit werden (ohne Beweisbeschluss) Zeugen zur Testierfähigkeit des Erblassers vernommen; im Kriegsdienstverweigerungsverfahren wird der Kläger angehört; eine Baubehörde führt in einem Baugenehmigungsverfahren einen Ortstermin durch.

4. **Welche Art von „Mitwirkung" setzt der Beweistermin voraus? Muss sich der Rechtsanwalt in den Beweistermin aktiv einmischen?**

   Es kommt bei der Beweisaufnahmegebühr lediglich darauf an, ob der Rechtsanwalt den Beweistermin überhaupt wahrgenommen hat. Es ist jedoch nicht erforderlich, dass sich der Rechtsanwalt aktiv in die Beweisaufnahme einmischt. Es reicht aus, dass er die Beweisaufnahme und ihr Ergebnis mitverfolgt.

5. **Nennen Sie aber Beispiele dafür, wann eine Beweisaufnahmegebühr *nicht* entsteht!**

   Der Rechtsanwalt erhält lediglich ein **Protokoll** über eine Beweisaufnahme zur Stellungnahme zugesandt, ohne in dem Termin selbst anwesend gewesen zu sein; die Behörde zieht nur Akten bei und verwertet sie, ohne den Rechtsanwalt zu informieren; wenn nach einer Beweisanordnung ein Beweistermin gar nicht stattfindet;

Der Rechtsanwalt fragt von sich aus Personen, die als Zeugen in Betracht kommen;
er besichtigt lediglich mit einem Vertreter der gegnerischen Versicherung den Unfallort oder;
wenn die Beweisaufnahme lediglich in der Vorlegung der in den Händen des Beweisführers oder des Gegners befindlichen Urkunden besteht.

**6. Entsteht eine Beweisaufnahmegebühr, wenn Akten oder Urkunden beigezogen wurden?**

Im Falle der Beiziehung erhält der Rechtsanwalt die Beweisaufnahmegebühr nur, wenn die Akten oder Urkunden durch Beweisbeschluss oder sonst erkennbar zum Beweis beigezogen oder als Beweis verwertet werden.

**7. In welcher Vorschrift ist das geregelt?**

Die Beiziehung von Akten oder Urkunden ist in § 34 (2) BRAGO geregelt.

**8. Wird die Beweisaufnahmegebühr auf Gebühren im nachfolgenden Zivilprozess angerechnet?**

Nein, die Anrechnungsvorschrift des § 118 II BRAGO gibt es nur für die Geschäftsgebühr.

# 4.7 Lösungen zum Trainingsteil

**Lösung zu Aufgabe 13**

**Die außergerichtliche Tätigkeit**

Gegenstandswert: 22.600,00 DM

| | |
|---|---:|
| 7,5/10 Besprechungsgebühr, §§ 11, 12, 118 I 2 BRAGO | 768,80 DM |
| Postentgelte, §§ 11, 26 BRAGO | 40,00 DM |
| 16 % Umsatzsteuer, § 25 II BRAGO | 129,41 DM |
| Summe: | 938,21 DM |

**Gebühren im Zivilprozess**

Gegenstandswert: 22.600,00 DM

| | |
|---|---:|
| 10/10 Prozessgebühr, §§ 11, 31 I 1 BRAGO | 1.025,00 DM |
| 10/10 Verhandlungsgebühr, §§ 11, 31 I 2 BRAGO | 1.025,00 DM |
| 10/10 Beweisgebühr, §§ 11, 31 I 3 BRAGO | 1.025,00 DM |
| Postentgelte, §§ 11, 26 BRAGO | 40,00 DM |
| 16 % Umsatzsteuer, § 25 II BRAGO | 498,40 DM |
| Summe: | 3.613,40 DM |

**Lösung zu Aufgabe 14**

**Die außergerichtliche Tätigkeit**

Gegenstandswert: 8.500,00 DM

| | |
|---|---:|
| 7,5/10 Besprechungsgebühr, §§ 11, 12, 118 I 2 BRAGO | 405,00 DM |
| 7,5/10 Beweisaufnahmegebühr, §§ 11, 12, 118 I 3 BRAGO | 405,00 DM |
| Postentgelte, §§ 11, 26 BRAGO | 40,00 DM |
| 16 % Umsatzsteuer, § 25 II BRAGO | 136,00 DM |
| Summe: | 986,00 DM |

**Gebühren im Zivilprozess**

Gegenstandswert: 8.500,00 DM

| | |
|---|---:|
| 10/10 Prozessgebühr, §§ 11, 31 I 1 BRAGO | 540,00 DM |
| 10/10 Verhandlungsgebühr, §§ 11, 31 I 2 BRAGO | 540,00 DM |
| 10/10 Beweisgebühr, §§ 11, 31 I 3 BRAGO | 540,00 DM |
| Postentgelte, §§ 11, 26 BRAGO | 40,00 DM |
| 16 % Umsatzsteuer, § 25 II BRAGO | 265,60 DM |
| Summe: | 1.925,60 DM |

**Lösung zu Aufgabe 15**

**Außergerichtliche Gebühren:**

Gegenstandswert: 90.000,00 DM

| | |
|---|---:|
| 7,5/10 Besprechungsgebühr, §§ 11, 12, 118 I 2 BRAGO | 1.488,80 DM |
| 7,5/10 Beweisaufnahmegebühr, §§ 11, 12, 118 I 3 BRAGO | 1.488,80 DM |
| Postentgelte, §§ 11, 26 BRAGO | 40,00 DM |
| 16 % Umsatzsteuer, § 25 II BRAGO | 482,82 DM |
| Summe: | 3.500,42 DM |

**Gebühren im Zivilprozess:**

Gegenstandswert: 120.000,00 DM

| | |
|---|---:|
| 10/10 Prozessgebühr, §§ 11, 31 I 1 BRAGO | 2.285,00 DM |
| 10/10 Verhandlungsgebühr, §§ 11, 31 I 2 BRAGO | 2.285,00 DM |
| 10/10 Beweisgebühr, §§ 11, 31 I 3 BRAGO | 2.285,00 DM |
| Postentgelte, §§ 11, 26 BRAGO | 40,00 DM |
| 16 % Umsatzsteuer, § 25 II BRAGO | 1.103,20 DM |
| Summe: | 7.998,20 DM |

# 5 Guter Rat ist nicht teuer: Die Gebühr für Rat und Auskunft

Oft wird der Rechtsanwalt lediglich um einen Rat gebeten oder um eine juristische Auskunft, ohne dass er gleich den Auftrag erhält, die Rechte des Mandanten auch gleich gegenüber den Gegner oder Geschäftspartner zu vertreten. Auch diese Tätigkeit des Rechtsanwalts ist nicht kostenlos, auch wenn die Gebühren durchaus niedriger sind als bei einer Beauftragung nach §§ 118 oder 31 BRAGO.

## 5.1 Entstehung und Berechnung der Ratsgebühr

Nehmen wir einen leichten Ausgangsfall:

**Fall 16 (Die mündliche Information)**

> Mauser ist leidgeprüfter Bauherr und bittet Rechtsanwalt Rasche in mehreren Besprechungen um Rat, ob er wegen angeblich vorhandener Baumängel rechtliche Schritte einleiten solle. Es geht immerhin um 15.000 DM. Rechtsanwalt Rasche klärt Mauser über die möglichen rechtlichen Schritte auf.

Entsteht für Rechtsanwalt Rasche eine Geschäftsgebühr nach § 118 I 1 BRAGO? Nein, er ist ja nicht beauftragt worden, *ein Geschäft zu besorgen*, also etwa für die Durchsetzung von Ansprüchen aktiv zu werden. Seine Tätigkeit beschränkte sich lediglich auf die Erteilung eines Rates. In Fällen dieser Art greift § 20 I 1 BRAGO.

*Kein Fall des § 118*

> **Nach § 20 I 1 BRAGO erhält der Rechtsanwalt**
> „für einen mündlichen oder schriftlichen Rat oder eine Auskunft, die nicht mit einer anderen gebührenpflichtigen Tätigkeit zusammenhängen, ... eine Gebühr von 1/10 bis 10/10 der vollen Gebühr."

*Entstehung der Ratsgebühr*

Begriff „Rat"

Unter einem **Rat** versteht man die für die Beurteilung einer Rechtsangelegenheit bedeutsame Empfehlung des Rechtsanwalts, wie sich der Auftraggeber in einer bestimmten Lage verhalten soll *(BGHZ 7, 351)*.

**BEISPIEL:**

Der Rechtsanwalt erteilt den Rat, gegen den Mahnbescheid Widerspruch einzulegen.

Begriff „Auskunft"

Die **Auskunft** beantwortet im Unterschied zum Rat eine von der konkreten Situation des Mandanten losgelöste Frage allgemeiner Art *(Hansens § 20, RdNr. 2)*.

**BEISPIEL:**

Der Mandant möchte wissen, wann Kaufverträge unter Kaufleuten verjähren.

Wegfall

Ist für diese Tätigkeit bereits eine andere Gebühr entstanden, so fällt die Gebühr nach § 20 I BRAGO weg.

**BEISPIEL:**

Mauser bittet Rechtsanwalt Rasche darüber hinaus, außergerichtlich in einem entsprechenden Schreiben die Mängel zu rügen. - Hier hat Rechtsanwalt Rasche Mauser zunächst zwar ebenfalls beraten, jedoch ist mit der auftragsgemäßen Formulierung des Schreibens eine Geschäftsgebühr nach § 118 I 1 BRAGO entstanden. Diese verdrängt die Rats- und Auskunftsgebühr des § 20 I BRAGO.

Höhe der
Ratsgebühr

Der Gebührenrahmen beträgt nach dem Wortlaut des Gesetzes 1/10 bis 10/10. Im konkreten Fall ist die Höhe nach „billigem Ermessen" zu ermitteln. Es gelten die bereits oben Seite 18 besprochenen

**Kriterien des § 12 BRAGO:**

1. Die **Bedeutung** der Angelegenheit,
2. der **Umfang** und
3. die **Schwierigkeit** der anwaltlichen Tätigkeit, sowie
4. die **Vermögens- und Einkommensverhältnisse** des Auftraggebers.)

Höhe der
Mittelgebühr

**Frage:** Wie hoch ist nun die Mittelgebühr, die man in der Regel ansetzen wird? Auch das hatten wir bereits oben besprochen: Wir addieren die Mindest- und die Höchstgebühr, teilen die Summe durch zwei und erhalten so eine

Mittelgebühr in Höhe von **5,5/10**. Gehen Sie auch bei Ihrer Lösung zu dem obigen Fall von einer Mittelgebühr aus.

**Eine weitere Frage:** Werden wohl in dieser Kostenrechnung, wie bisher, Postentgelte berechnet? Diese setzen voraus, dass sie mindestens ein einziges Mal entstanden sind. Also?

**Hier ist Ihre Lösung zu Fall 16:**

Gegenstandswert: 15.000,00 DM

Summe:                                                              513,65 DM

Die Lösung finden Sie auf Seite 93.

Als **Faustformel** kann man festhalten: Wird der Rechtsanwalt beauftragt, *nach außen* tätig zu werden, z. B. durch das Formulieren von Schriftsätzen, so wird in der Regel eine Gebühr nach § 118 BRAGO entstanden sein, die dann allerdings eine Anwendung des § 20 I BRAGO verdrängt.

# 5.2 Erster Kontakt: Die Erstberatungsgebühr, § 20 I 2 BRAGO

Nehmen wir einmal folgenden unverfänglichen Fall:

**Fall 17 (Die Erstberatung)**

> Mauser sucht jetzt seinen Anwalt des Vertrauens, unseren Rechtsanwalt Rasche deshalb auf, weil er Querelen mit einem Nachbarn hat. Ihm geht es um angeblichen unzumutbaren Lärm. Er fragt, ob er denn nicht im Recht sei und solchen Lärm nicht hinnehmen müsse. Rechtsanwalt Rasche informiert ihn, und Mauser zieht hochbefriedigt von dannen: Hatte er es doch gewusst, dass er Recht hatte! - Gehen Sie von einem Gegenstandswert von 1.000 DM aus.

Dieser Fall enthält eigentlich nichts Besonderes. Der Rechtsanwalt wurde um einen Rat gebeten und hat ihn auch erteilt.

Damit könnte die Kostenrechnung nach dem bisher Gesagten klar sein, wenn es nicht die Regelung des § 20 I S. 2 BRAGO gäbe:

> Ist die Tätigkeit nach Satz 1 Gegenstand einer ersten Beratung, so kann der Rechtsanwalt keine höhere Gebühr als 350 DM fordern.

**Berechnung der Erstberatungsgebühr**

Sie gehen also bei der Kostenrechnung zunächst von dem Gebührenrahmen (1/10 bis 10/10) aus und ermitteln den so entstandenen Betrag. Überschreitet dieser 350 DM, so bleibt es bei diesem Höchstwert. - Bedenken Sie bei der Lösung unseres Falles auch das Problem mit den Postentgelten!

**Die Kostenrechnung für Fall 17 lautet also:**

Gegenstandswert: 1.000,00 DM

Summe:

Zur Lösung siehe Seite 93. - Nehmen wir einmal eine Variante:

**Fall 18　(Variante)**

> Wie Fall 17, aber es geht diesmal um gewichtigere Dinge, nämlich um 20.000 DM. Wie lautet jetzt die Kostenrechnung?

Denken Sie daran: Die Gebührenbegrenzung der Erstberatung auf 350 DM ist der Oberwert. Wird wegen eines niedrigen Streitwertes dieser Oberwert wie in Fall 17 nicht erreicht, so darf der Rechtsanwalt für eine erste Beratung nur diese niedrigere Gebühr berechnen. Die Lösung finden Sie auf Seite 93.

**Ihre Lösung:**

Gegenstandswert: 20.000,00 DM

Summe:　　　　　　　　　　　　　　　　　　　　　406,00 DM

**Die Höchstgebühr gilt auch für eine erste Auskunft!**

Die Vorschrift des § 20 I 2 BRAGO ist übrigens dahingehend auszulegen, dass die Gebührenbegrenzung nicht nur für die erstmalige Beratung gilt, sondern auch für eine **erste Auskunft** (*Gerold/Schmidt/Madert § 20 RdNr. 11; Hansens § 20 RdNr. 7a*).

**Fall 19 (Der vergessliche Mandant)**

> Mauser ist sehr vergesslich und bittet Rechtsanwalt Rasche um einen Rat in einer Verkehrsunfallsache. Im Verlaufe des Beratungsgespräches stellt sich heraus, dass Mauser nicht alle erforderlichen Unterlagen mitgebracht hat.
>
> Mauser sucht Rechtsanwalt Rasche eine Woche später erneut in dieser Angelegenheit auf und erhält dieses Mal endgültig den erwünschten Rat. Es ging um Schadensersatzansprüche in Höhe von insgesamt 15.000 DM. Wie lautet die Kostenrechnung? Liegt wieder eine Erstberatung vor?

Ist in diesem Fall bei der zweimaligen Beratung in derselben Angelegenheit von einer Erstberatung auszugehen, so gilt der Höchstbetrag von 350 DM, andernfalls ist von der höheren 5,5/10-Mittelgebühr auszugehen. Liegt aber überhaupt eine Erstberatung vor?

Eine Erstberatung wird grundsätzlich nur dann angenommen, wenn der Mandant *an einem einzigen Termin* den Rechtsanwalt aufsucht. Folgt später in derselben Angelegenheit ein weiteres Beratungsgespräch, so handelt es sich nicht mehr um eine Erstberatung.

*Abgrenzung zur Ratsgebühr*

## BEISPIELE:

Der Rechtsanwalt wird von einem besorgten Mandanten mehrmals in derselben Sache aufgesucht und um Rat gebeten.

Eine erste Beratung wird beendet, weil der Rechtsanwalt zunächst noch mit der Rechtsschutzversicherung korrespondieren muss (ohne Auftrag, die Sache abzuschließen, sonst ist § 118 BRAGO einschlägig!). Nach der Korrespondenz kommt es zu einem weiteren Beratungsgespräch.

Ein zweites Beratungsgespräch wird erforderlich, weil der Mandant zunächst einmal weitere Informationen beschaffen muss oder eine Bedenkzeit benötigt.

In all diesen Fällen ist der Rechtsanwalt nicht mehr an die Höchstgrenze von 350 DM gebunden. Der Rechtsanwalt sollte jedoch den Auftraggeber zuvor hierauf hinweisen *(Hansens § 20 RdNr. 7a)*.

**Hier ist Ihre Lösung zu Fall 19:**

Gegenstandswert: 15.000,00 DM .......................................................................

............................................................................................................................

............................................................................................................................

Summe:　　　　　　　　　　　　　　　　　　　513,65 DM

Vergleichen Sie Ihre Lösung mit der Musterlösung auf Seite 94.

## 5.3   Die Abrategebühr, § 20 II BRAGO

**Fall 20 (Die unzufriedene Mandantin)**

> Friederike Feller hat einen Prozess in der ersten Instanz verloren und ist zur Zahlung von 7.000 DM verurteilt worden. Hiermit ist sie sehr unzufrieden und fragt nun einen neuen Anwalt, nämlich Rechtsanwalt Rasche, der mit der Sache in dieser Instanz nicht befasst gewesen ist, ob es ratsam sei, gegen das Urteil Berufung einzulegen. Rechtsanwalt Rasche rät hiervon ab.

Für die Lösung dieses Falles ist **§ 20 II BRAGO** einschlägig:

Anwendbarkeit des
§ 20 II BRAGO

> **§ 20 II BRAGO:**
>
> Wird ein Rechtsanwalt, der mit der Angelegenheit noch nicht befasst gewesen ist, beauftragt, zu prüfen, ob eine Berufung oder Revision Aussicht auf Erfolg hat, so erhält er eine halbe Gebühr nach § 11 Abs. 1 Satz 4 BRAGO, wenn er von der Einlegung eines Rechtsmittels abrät und ein Rechtsmittel durch ihn nicht eingelegt wird.

**Die Abrategebühr entsteht also unter folgenden Voraussetzungen:**

1. Der Rechtsanwalt war mit der Angelegenheit bisher *noch nicht befasst*.
2. Er wird beauftragt zu prüfen, ob eine *Berufung* oder *Revision* Aussicht auf Erfolg hat.
3. Der Rechtsanwalt muss von der Einlegung des Rechtsmittels *abraten*.

Diese Voraussetzungen sind in unserem Fall gegeben. Er erhält also eine Abrategebühr in Höhe von 13/20.

**Ihre Kostenrechnung:**

Gegenstandswert: 7.000,00 DM ....................................................................................

....................................................................................

....................................................................................

Summe:                                                    324,22 DM

Die Musterlösung finden Sie auf Seite 94.

**Fall 21 (Das vergebliche Zuraten)**

Nehmen wir einmal an, in dem obigen Fall empfiehlt ihr Rechtsanwalt Rasche, wegen der 7.000 DM Berufung einzulegen. Er erhält jedoch nicht den
hierfür erforderlichen Auftrag. Die Einlegung des Rechtsmittels unterbleibt.

Da der Rechtsanwalt nicht abgeraten hat, kann er auch keine Abrategebühr
berechnen. Er hat jedoch einen Rat erteilt, nämlich Berufung einzulegen. Da
dieser Rat bei einer ersten Beratung erging, ist auch die Höchstgrenze zu prüfen (Erstberatung)! Also lautet die Kostenrechnung:

**Ihre Lösung:**

Gegenstandswert: 7.000,00 DM

Summe:                                                                274,34 DM

Vergleichen Sie Ihre Lösung mit der auf Seite 94. - Eine weitere Variante:

**Fall 22 (Der Prozessauftrag nach Beratung)**

In dem obigen Fall rät Rechtsanwalt Rasche, wegen der 7.000 DM Berufung
einzulegen und erhält hierfür auch den Prozessauftrag. Nach einer streitigen
mündlichen Verhandlung und einer Beweisaufnahme mit Weiterverhandlung
ergeht ein Urteil

Die Kostenrechnung müsste hier eigentlich ohne jede weitere Hilfe möglich
sein. Sie dürfen sich nur nicht in die Irre leiten lassen...

**Hier ist Ihre Lösung (Berufungsinstanz):**

Gegenstandswert: 7.000,00 DM

Summe:                                                          1.991,72 DM

Zur Lösung siehe Seite 94.

**Fall 23 (Abraten von Widerspruch/Beschwerde)**

Wie ist übrigens die Rechtslage, wenn der bisher mit der Angelegenheit noch nicht befasste Rechtsanwalt bei einem Gegenstandswert von 2.000 DM den Auftrag erhält zu prüfen, ob eine *Beschwerde* oder ein *Widerspruch* Aussicht auf Erfolg hat und Rechtsanwalt Rasche von der Einlegung dieser Rechtsbehelfe abrät?

Denken Sie bei der Lösung dieses Falles daran, dass die Abrategebühr ausdrücklich nach dem Wortlaut des § 20 II BRAGO voraussetzt, dass der Rechtsanwalt mit der Prüfung beauftragt wurde, ob eine *Berufung* oder *Revision* Erfolgsaussichten hat. Eine Abrategebühr kommt hier also nicht in Betracht! Welche aber dann? Die Antwort finden Sie in der Lösung auf Seite 95.

**Ihre Lösung:**

Gegenstandswert: 2.000,00 DM

# 5.4   Lösungen zu den Fällen

**Lösung zu Fall 16**

Gegenstandswert: 15.000,00 DM

| | |
|---|---:|
| 5,5/10 Ratsgebühr, §§ 11, 12, 20 I BRAGO | 442,80 DM |
| 16 % Umsatzsteuer, § 25 II BRAGO | 70,85 DM |
| Summe: | 513,65 DM |

Der einfache Fall einer *Ratsgebühr*. Da Postentgelte nur berechnet werden können, wenn sie mindestens ein einziges Mal entstanden sind, sind sie hier und in den meisten nachfolgenden Fällen nicht anzusetzen.

**Lösung zu Fall 17**

Gegenstandswert: 1.000,00 DM

| | |
|---|---:|
| 5,5/10 Erstberatung, §§ 11, 12, 20 I BRAGO | 49,50 DM |
| 16 % Umsatzsteuer, § 25 II BRAGO | 7,92 DM |
| Summe: | 57,42 DM |

Dies ist zwar der erste Fall einer *Erstberatung*, doch gelten hier keine Besonderheiten: Der Höchstbetrag von 350 DM wurde bei der Gebühr nicht überschritten.

**Lösung zu Fall 18**

Gegenstandswert: 20.000,00 DM

| | |
|---|---:|
| Erstberatung, §§ 11, 12, 20 I BRAGO | 350,00 DM |
| 16 % Umsatzsteuer, § 25 II BRAGO | 56,00 DM |
| Summe: | 406,00 DM |

Hier würde der bei der Erstberatung vorgegebene Höchstbetrag von 350 DM überschritten werden, nähme man eine 5,5/10 Gebühr, also bleibt es bei dem Höchstbetrag.

**Lösung zu Fall 19**

Gegenstandswert: 15.000,00 DM

| | |
|---|---:|
| 5,5/10 Ratsgebühr, §§ 11, 12, 20 I BRAGO | 442,80 DM |
| 16 % Umsatzsteuer, § 25 II BRAGO | 70,85 DM |
| Summe: | 513,65 DM |

Natürlich ist hier von einer einmaligen Erstberatung nicht mehr die Rede, also gilt auch der Höchstbetrag nicht!

**Lösung zu Fall 20**

Gegenstandswert: 7.000,00 DM

| | |
|---|---:|
| 13/20 Abrategebühr, §§ 11, 20 II BRAGO | 279,50 DM |
| 16 % Umsatzsteuer, § 25 II BRAGO | 44,72 DM |
| Summe: | 324,22 DM |

Unser erster Fall mit einer *Abrategebühr*.

**Lösung zu Fall 21**

Gegenstandswert: 7.000,00 DM

| | |
|---|---:|
| 5,5/10 Erstberatung, §§ 11, 12, 20 I BRAGO | 236,50 DM |
| 16 % Umsatzsteuer, § 25 II BRAGO | 37,84 DM |
| Summe: | 274,34 DM |

**Lösung zu Fall 22**

**Berufungsinstanz**

Gegenstandswert: 7.000,00 DM

| | |
|---|---:|
| 13/10 Prozessgebühr, §§ 11, 31 I 1 BRAGO | 559,00 DM |
| 13/10 Verhandlungsgebühr, §§ 11, 31 I 2 BRAGO | 559,00 DM |
| 13/10 Beweisgebühr, §§ 11, 31 I 3 BRAGO | 559,00 DM |
| Postentgelte, §§ 11, 26 BRAGO | 40,00 DM |
| 16 % Umsatzsteuer, § 25 II BRAGO | 274,72 DM |
| Summe: | 1.991,72 DM |

Dieser Fall hat natürlich nichts mit einer Rats- oder Abrategebühr zu tun, wohl aber mit einer Kostenrechnung im Instanzenzug! Die Beratung über die Prozessaussichten und dergleichen wird von der Prozessgebühr mit abgedeckt.

**Lösung zu Fall 23**

Gegenstandswert: 2.000,00 DM

| | |
|---|---|
| 5,5/10 Ratsgebühr, §§ 11, 12, 20 I BRAGO | 93,50 DM |
| 16 % Umsatzsteuer, § 25 II BRAGO | 14,96 DM |
| Summe: | 108,46 DM |

Na, wenn eine Abrategebühr hier nicht in Betracht kommt, dann eben eine Ratsgebühr.

# 5.5 Trainingsteil

Die Lösungen finden Sie ab Seite 98.

**Aufgabe 16**

Mauser bittet Rechtsanwalt Rasche um eine Auskunft in einer Vertragssache. Im Verlaufe des Beratungsgespräches stellt sich heraus, dass Mauser nicht alle erforderlichen Unterlagen mitgebracht hat.

Mauser sucht Rechtsanwalt Rasche später erneut in dieser Angelegenheit auf und erhält nun endgültig seine Auskunft.

Gegenstandswert: 2.300,00 DM. Wie lautet die Kostenrechnung?

**Aufgabe 17**

Mauser sucht Rechtsanwalt Rasche auf und bittet ihn um einen Rat, den er auch erhält.

Gegenstandswert: 600,00 DM.

**Aufgabe 18**

Rechtsanwalt Rasche erteilt Martens in mehreren Besprechungen einen Rat, ob er wegen diverser Nachbarstreitigkeiten rechtliche Schritte einleiten solle.

Gegenstandswert: 6.400,00 DM. Gehen Sie gegebenenfalls von einer Mittelgebühr aus.

**Aufgabe 19**

Erwin Meier ist vor dem Amtsgericht zur Zahlung von 8.900,00 DM verurteilt worden und fragt nun den neu eingeweihten Rechtsanwalt Rasche, ob es ratsam sei, gegen das Urteil Berufung einzulegen. Rechtsanwalt Rasche rät von einem Rechtsmittel ab.

**Aufgabe 20**

Rechtsanwalt Rasche erhält den Auftrag zu prüfen, ob ein Widerspruch gegen einen zugestellten Mahnbescheid Aussicht auf Erfolg hat. Rechtsanwalt Rasche rät von der Einlegung dieses Rechtsbehelfs ab. – Gegenstandswert: 14.500,00 DM.

**Aufgabe 21**

Rechtsanwalt Rasche erhält den Auftrag zu prüfen, ob es sinnvoll sei, gegen ein erstinstanzliches Urteil Berufung einzulegen. Rasche war mit der Sache bisher noch nicht befasst und rät zu. Er erhält jedoch nicht den hierfür erforderlichen Auftrag. Die Einlegung des Rechtsmittels unterbleibt. Gegenstandswert: 7.000,00 DM.

Wie gesagt: Die Lösungen finden Sie ab Seite 98.

## 5.6   Testen Sie sich selbst: Test- und Prüfungsfragen

1.   **Wann entsteht für den Rechtsanwalt eine Ratsgebühr?**

Der Rechtsanwalt erhält eine Ratsgebühr für einen mündlichen oder schriftlichen Rat oder eine Auskunft, wenn diese Tätigkeiten nicht mit einer anderen gebührenpflichtigen Tätigkeit zusammenhängen.

2.   **In welcher Vorschrift ist diese Ratsgebühr geregelt?**

in § 20 I 1 BRAGO

**3. Welche Art von Gebühr ist die Ratsgebühr und wie hoch ist sie?**

Die Ratsgebühr ist eine Rahmengebühr zwischen 1/10 und 10/10.

**4. Wie hoch ist die Mittelgebühr einer Ratsgebühr?**

5,5/10

**5. Wie ist die jeweilige Höhe im Einzelfall zu ermitteln?**

Die Höhe richtet sich nach „billigem Ermessen".

**6. Welche Vorschrift nennt für die Ermittlung der Höhe die Kriterien, und wie lauten sie?**

§ 12 BRAGO nennt vier Kriterien, nämlich
- die Bedeutung der Angelegenheit,
- den Umfang und
- die Schwierigkeit der anwaltlichen Tätigkeit,
- sowie die Vermögens- und Einkommensverhältnisse des Auftraggebers.

**7. Was versteht man unter einem „Rat" i.S.d. § 20 I 1 BRAGO?**

Unter einem Rat versteht man die für die Beurteilung einer Rechtsangelegenheit bedeutsame Empfehlung des Rechtsanwalts, wie sich der Auftraggeber in einer bestimmten Lage verhalten soll.

**8. Wann liegt eine Auskunft i.S.d. § 20 I 1 BRAGO vor?**

Die Auskunft beantwortet eine von der konkreten Situation des Mandanten losgelöste Frage allgemeiner Art.

**9. Was geschieht mit der Ratsgebühr, wenn für diese Tätigkeit des Rechtsanwalts bereits eine andere Gebühr entstanden ist?**

Die Ratsgebühr fällt dann weg.

**10. Welche Besonderheit gilt für eine sog. „Erstberatung"?**

Es gilt die Höchstgebühr von 350 DM.

**11. In welcher Vorschrift ist eine Abrategebühr geregelt?**

in § 20 II BRAGO

**12. Wann entsteht die Abrategebühr?**

Die Abrategebühr entsteht, wenn ein Rechtsanwalt, der mit der Angelegenheit noch nicht befasst gewesen ist, beauftragt wird zu prüfen, ob eine Berufung oder Revision Aussicht auf Erfolg hat und wenn er von der Einlegung eines Rechtsmittels abrät und ein Rechtsmittel durch ihn nicht eingelegt wird.

**13. In welcher Höhe entsteht eine Abrategebühr?**

Sie entsteht in Höhe einer 13/20 Gebühr.

**14. Welche Gebühr entsteht aber, wenn der bisher in dieser Angelegenheit noch nicht beauftragte Rechtsanwalt die Einlegung eines Rechtsmittels empfiehlt, er jedoch keinen Prozessauftrag erhält?**

Der Rechtsanwalt erhält dann eine Rats- bzw. Erstberatungsgebühr.

**15. Welche Gebühr erhält der Rechtsanwalt, wenn er von der Einlegung eines *Einspruchs* abrät und die Einlegung infolgedessen unterbleibt?**

Der Rechtsanwalt erhält dann ebenfalls eine Rats- bzw. Erstberatungsgebühr.

## 5.7    Lösungen zum Trainingsteil

**Lösung zu Aufgabe 16**

| | |
|---|---|
| Gegenstandswert: 2.300,00 DM | |
| 5,5/10 Ratsgebühr, §§ 11, 12, 20 I BRAGO | 93,50 DM |
| 16 % Umsatzsteuer, § 25 II BRAGO | 14,96 DM |
| Summe: | 108,46 DM |

**Lösung zu Aufgabe 17**

| | |
|---|---|
| Gegenstandswert: 600,00 DM | |
| 5,5/10 Erstberatung, §§ 11, 12, 20 I BRAGO | 27,50 DM |
| 16 % Umsatzsteuer, § 25 II BRAGO | 4,40 DM |
| Summe: | 31,90 DM |

**Lösung zu Aufgabe 18**

Gegenstandswert: 6.400,00 DM

| | |
|---|---:|
| 5,5/10 Ratsgebühr, §§ 11, 12, 20 I BRAGO | 236,50 DM |
| 16 % Umsatzsteuer, § 25 II BRAGO | 37,84 DM |
| Summe: | 274,34 DM |

**Lösung zu Aufgabe 19**

Gegenstandswert: 8.900,00 DM

| | |
|---|---:|
| 13/20 Abrategebühr, §§ 11, 20 II BRAGO | 351,00 DM |
| 16 % Umsatzsteuer, § 25 II BRAGO | 56,16 DM |
| Summe: | 407,16 DM |

**Lösung zu Aufgabe 20**

Gegenstandswert: 14.500,00 DM

| | |
|---|---:|
| 5,5/10 Ratsgebühr, §§ 11, 12, 20 I BRAGO | 442,80 DM |
| 16 % Umsatzsteuer, § 25 II BRAGO | 70,85 DM |
| Summe: | 513,65 DM |

**Lösung zu Aufgabe 21**

Gegenstandswert: 7.000,00 DM

| | |
|---|---:|
| 5,5/10 Erstberatung, §§ 11, 12, 20 I BRAGO | 236,50 DM |
| 16 % Umsatzsteuer, § 25 II BRAGO | 37,84 DM |
| Summe: | 274,34 DM |

# 6 Wenn es schnell geht: Die Gebühr für einfache Schreiben

Die außergerichtlichen Tätigkeiten des Rechtsanwalts sind vielfältig. Dieser Vielfalt versucht der Gesetzgeber durch einen weiteren Gebührentatbestand, nämlich den des § 120 BRAGO, zu entsprechen. Im Gegensatz zu § 118 BRAGO enthält § 120 BRAGO für die dort aufgeführten Tätigkeiten eine niedrigere Vergütung. In § 120 BRAGO sind zwei verschiedene Gebühren geregelt.

## 6.1 Die Gebühr für einfache Schreiben, § 120 I BRAGO

Gehen wir zunächst vom Wortlaut aus:

> **§ 120 I BRAGO:**
> Beschränkt sich die Tätigkeit des Rechtsanwalts auf Mahnungen, Kündigungen oder Schreiben einfacher Art, die weder schwierige rechtliche Ausführungen noch größere sachliche Auseinandersetzungen enthalten, so erhält er nur zwei Zehntel der vollen Gebühr.

Diese gesetzliche Aufzählung (Beschränkung auf Mahnungen, Kündigungen oder Schreiben) ist nur beispielhaft. Wann ein Schreiben *einfacher Art* ist, das weder schwierige rechtliche Ausführungen noch größere sachliche Auseinandersetzungen enthält, entscheidet sich z. B. nach der Länge des Schreibens und seiner rechtlichen Qualität.

Der Begriff „Schreiben einfacher Art"

§ 120 I BRAGO ist nur anwendbar, wenn sich der Auftrag des Mandanten auf dieses einfache Schreiben beschränkt. Geht der Auftrag über dieses Schreiben hinaus und ist er auf eine Geschäftsbesorgung im Sinne des § 118 BRAGO gerichtet, so ist diese Vorschrift anwendbar.

Verhältnis zu § 118

**Fall 24 (Der Wink mit dem Anwalt)**

> Rechtsanwalt Rasche erhält Besuch von einem Mandanten, der sich über einen langjährigen, aber säumigen Kunden beschwert. Er bittet den Rechts-

anwalt Rasche, diesen Kunden einmal mit seinem anwaltlichen Briefkopf an dessen Zahlungspflicht zu erinnern, das werde bestimmt wirken.

Es handelt sich um einen leicht gelagerten Fall. Rechtsanwalt Rasche mahnt in einem Aufforderungsschreiben die begehrten 3.500,00 DM an.

### Hier ist Ihre Lösung:

(Haben Sie Probleme, eine 2/10-Gebühr zu ermitteln? Schauen Sie in diesem Fall in dem Kapitel „Die Berechnung von Bruchteilsgebühren" auf Seite 21 nach!)

Gegenstandswert: 3.500,00 DM

Summe:                                                                              70,76 DM

Eine Geschäftsgebühr nach § 118 I 1 BRAGO kommt hier nicht in Betracht, weil sich die Tätigkeit des Rechtsanwalts auf die Anfertigung des einfachen Schreibens beschränken sollte. Die Lösung finden Sie auf Seite 105.

Zur Abgrenzung ein weiterer Fall:

### Fall 25 (Der störrische Schuldner)

Da der Schuldner störrisch bleibt und im vorigen Fall immer noch nicht gezahlt hat, bittet der Mandant, Rasche möge doch versuchen, die Forderung möglichst außergerichtlich zu erledigen. Das gelingt Rechtsanwalt Rasche. Es bleibt bei dem Gegenstandswert von 3.500,00 DM.

Ein Kommentar wird dieses Mal nicht gegeben. Notieren Sie hier Ihre Lösung und vergleichen Sie sie anschließend mit der auf Seite 106.

Gegenstandswert: 3.500,00 DM

Summe:                                                                             265,29 DM

## 6.2 Kosten fix und pauschal: Die Festgebühr nach § 120 II BRAGO

Beschränkt sich die Tätigkeit des Rechtsanwalts auf ein Schreiben, das nur dem äußeren Betreiben eines Verfahrens dient, so erhält er nur die in § 11 II S. 1 BRAGO geregelte Mindestgebühr von 20 DM als *Festgebühr*, d. h. unabhängig von der Höhe des Gegenstandswertes.

### IN § 120 II BRAGO SIND FOLGENDE BEISPIELE AUFGEZÄHLT:

- Benachrichtigungen
- Beschleunigungsgesuche
- Gesuche um Erteilung von Ausfertigungen oder Abschriften

Diese Schreiben erfüllen noch nicht einmal die Anforderungen des § 120 I BRAGO. Außerdem werden sie in den häufigsten Fällen von weitergehenden Gebührentatbeständen mit erfasst werden.

### Fall 26 (Die zögerliche Versicherung)

Alfred Anders hat einen Verkehrsunfall gehabt. Berthold Benz ist ihm nach einer unübersichtlichen Kurve von hinten aufgefahren. Nach Austausch der erforderlichen Daten (Personalien, Versicherungsnummer) verspricht Benz wegen der klaren Rechtslage, den Unfall bei seiner Versicherung zur Schadensregulierung anzumelden. Da Anders nach einiger Zeit auch nach zwei Schreiben nichts mehr von der Versicherung hört, bittet er Rechtsanwalt Rasche, in einem kurzen Schreiben auf eine Beschleunigung der Abwicklung hinzuwirken. Es geht um einen Schaden von 8.800 DM.

**Ihre Lösung:**

Gegenstandswert: 8.800,00 DM

Summe:                                                                    26,68 DM

Warum entsteht in diesem Fall keine Geschäftsgebühr nach § 118 I 1 BRA-
GO? Richtig, weil er sich ja gar nicht um die Durchsetzung der Ansprüche zu
kümmern brauchte.

Warum entsteht denn nicht wenigstens eine Gebühr für ein einfaches Schreiben nach § 120 I BRAGO? Antwort: Unser Rechtsanwalt brauchte ja noch
nicht einmal den Streitstoff darzustellen, sondern nur um eine beschleunigte
Abwicklung zu bitten.

**Fall 27 (Die Anfrage der Versicherung)**

Anders hat auf sein Schreiben hin von der gegnerischen Versicherung eine
Antwort erhalten. Man bittet ihn um einige Angaben zum Unfallhergang. Er
sucht Rechtsanwalt Rasche auf, der in seinem Beisein das Schreiben der
Versicherung beantwortet. Es geht um Ansprüche in Höhe von 12.300 DM.

*Tipp:* Dieses von Rechtsanwalt Rasche formulierte *freie* Schreiben dient nicht
nur *„dem äußeren Betreiben eines Verfahrens"*, sondern es enthält zugleich
inhaltliche Aussagen, die für die Schadensregulierung bedeutsam sind.
Gleichwohl ist die Sach- und Rechtslage in unserem Fall zugunsten des Alfred
Anders eindeutig.

**Ihre Kostenrechnung:**

Gegenstandswert: 12.300,00 DM

Summe:                                                                   196,16 DM

Die Lösung finden Sie, wie immer, im folgenden Kapitel ab Seite 105.

**Fall 28 (Die erfolgreiche Schadensabwicklung)**

Anders möchte jetzt nicht nur das Schreiben der Versicherung beantworten, sondern zugleich Rechtsanwalt Rasche beauftragen, den eventuellen weiteren Schriftverkehr zu übernehmen und für die Schadensabwicklung zu sorgen. Rechtsanwalt Rasche schildert nun den Unfallhergang, berechnet den Schaden nunmehr auf 15.200 DM, geht auf die Rechtslage ein und setzt eine Frist für die Begleichung des Schadens. Die gegnerische Versicherung zahlt fristgemäß.

*Tipp:* Auch in diesem Fall handelt es sich ja um eine klare Rechtslage, die *weder schwierige rechtliche Ausführungen noch größere sachliche Auseinandersetzungen* erfordern (§ 120 I BRAGO). Gleichwohl beschränkt sich der Auftrag, den Anders Rechtsanwalt Rasche erteilt hat, nicht auf die Formulierung eines einfachen Schreibens. Rechtsanwalt Rasche ist vielmehr beauftragt worden, für eine außergerichtliche Regulierung des Kfz-Unfallschadens zu sorgen.

**Ihre Lösung:**

Gegenstandswert: 15.200,00 DM

Summe:      746,81 DM

# 6.3    Lösungen zu den Fällen

**Lösung zu Fall 24**

Gegenstandswert: 3.500,00 DM

| | |
|---|---:|
| 2/10 Gebühr für einf. Schreiben, §§ 11, 120 I BRAGO | 53,00 DM |
| Postentgelte, §§ 11, 26 BRAGO | 8,00 DM |
| 16 % Umsatzsteuer, § 25 II BRAGO | 9,76 DM |
| Summe: | 70,76 DM |

**Lösung zu Fall 25**

Gegenstandswert: 3.500,00 DM

| | |
|---|---:|
| 7,5/10 Geschäftsgebühr, §§ 11, 12, 118 I BRAGO | 198,80 DM |
| Postentgelte, §§ 11, 26 BRAGO | 29,90 DM |
| 16 % Umsatzsteuer, § 25 II BRAGO | 36,59 DM |
| Summe: | 265,29 DM |

Hier ging der Auftrag des Rechtsanwalts über die Anfertigung eines einfachen Schreibens hinaus, er sollte auch die Angelegenheit außergerichtlich erledigen. Damit wird die zunächst entstandene Gebühr nach § 120 I BRAGO durch die Geschäftsgebühr verdrängt.

**Lösung zu Fall 26**

Gegenstandswert: 8.800,00 DM

| | |
|---|---:|
| Festgebühr gemäß §§ 11, 120 II BRAGO | 20,00 DM |
| Postentgelte, §§ 11, 26 BRAGO | 3,00 DM |
| 16 % Umsatzsteuer, § 25 II BRAGO | 3,68 DM |
| Summe: | 26,68 DM |

**Lösung zu Fall 27**

Gegenstandswert: 12.300,00 DM

| | |
|---|---:|
| 2/10 Gebühr für einf. Schreiben, §§ 11, 120 I BRAGO | 147,00 DM |
| Postentgelte, §§ 11, 26 BRAGO | 22,10 DM |
| 16 % Umsatzsteuer, § 25 II BRAGO | 27,06 DM |
| Summe: | 196,16 DM |

**Lösung zu Fall 28**

Gegenstandswert: 15.200,00 DM

| | |
|---|---:|
| 7,5/10 Geschäftsgebühr, §§ 11, 12, 118 I BRAGO | 603,80 DM |
| Postentgelte, §§ 11, 26 BRAGO | 40,00 DM |
| 16 % Umsatzsteuer, § 25 II BRAGO | 103,01 DM |
| Summe: | 746,81 DM |

Da der Auftrag über die Anfertigung eines Briefes hinausging und auf die Erledigung des Kfz-Unfallschadens gerichtet war, ist die Gebührenvorschrift des § 118 I 1 BRAGO einschlägig. Sie verdrängt die Gebühr nach § 120 I BRAGO.

# 6.4   Trainingsteil

**Aufgabe 22**

**Rechtsanwalt Rasche fordert in einem rechtlich und tatsächlich unkompliziert gelagerte Fall den Gegner zur Zahlung auf. Der Mandant hat ihn nicht mit einer weiteren Tätigkeit beauftragt, insbesondere ihn nicht gebeten, weiter auf die Zahlung hinzuwirken. Der Gegenstandswert beträgt 14.100,00 DM.**

**Aufgabe 23**

**Rechtsanwalt Rasche schreibt auftragsgemäß eine gegnerische Firma an und fordert energisch unverzügliche Zahlung des bereits von seinem Mandanten selbst angemahnten Betrages. Weitere Ausführungen zur Sache macht er auftragsgemäß nicht. - Gegenstandswert: 2.900,00 DM**

**Aufgabe 24**

**Rechtsanwalt Rasche schildert in einem einfach gelagerten Fall bei der Geltendmachung von Mängeln dem Gegner auftragsgemäß die tatsächlichen Umstände. Rechtsanwalt Rasche soll sich um die Angelegenheit, bei der es um 10.500 DM geht, „kümmern" und die Forderung möglichst außergerichtlich durchsetzen. Schließlich zahlt der Gegner.**

# 6.5   Testen Sie sich selbst: Test- und Prüfungsfragen

1. **Wann entsteht eine Gebühr für einfache Schreiben des Rechtsanwalts?**

   Sie entsteht, wenn sich die Tätigkeit des Rechtsanwalts auf Mahnungen, Kündigungen oder Schreiben einfacher Art beschränkt.

**2.   Wann liegt denn ein Schreiben „einfacher Art" vor?**

Ein Schreiben „einfacher Art" wird i.d.R gegeben sein, wenn es weder schwierige rechtliche Ausführungen noch größere sachliche Auseinandersetzungen enthält.

**3.   Wonach entscheidet sich noch, ob ein „Schreiben einfacher Art" vorliegt?**

nach der Länge des Schreibens und seiner rechtlichen Qualität

**4.   Wie hoch ist die Gebühr für ein Schreiben „einfacher Art"?**

2/10

**5.   In welcher Vorschrift ist diese Gebühr geregelt?**

in § 120 I BRAGO

**6.   Wie verhält sich die Gebühr für einfache Schreiben zur Geschäftsgebühr des § 118 I 1 BRAGO?**

Die Gebühr des § 120 I bzw. II BRAGO wird von der Geschäftsgebühr des § 118 I 1 BRAGO verdrängt.

**7.   Wann entsteht eine Gebühr für einfache Schreiben, wann die Geschäftsgebühr?**

Geht der Auftrag über ein einfaches Schreiben hinaus und ist er auf eine Geschäftsbesorgung im Sinne des § 118 BRAGO gerichtet, so ist diese Vorschrift anwendbar.

**8.   Wann erhält der Rechtsanwalt die Festgebühr nach § 120 II BRAGO?**

Der Rechtsanwalt erhält die Festgebühr nach § 120 II BRAGO, wenn sich seine Tätigkeit auf ein Schreiben, das nur dem äußeren Betreiben eines Verfahrens dient, beschränkt.

**9.   Wie hoch ist diese Gebühr?**

20 DM

10. **Nennen Sie die in § 120 II BRAGO genannten Beispiele, bei denen eine Festgebühr entstehen kann!**

Benachrichtigungen, Beschleunigungsgesuche und Gesuche um Erteilung von Ausfertigungen oder Abschriften

# 6.6 Lösungen zum Trainingsteil

### Lösung zu Aufgabe 22

| | |
|---|---:|
| Gegenstandswert: 14.100,00 DM | |
| 2/10 Gebühr für einf. Schreiben, §§ 11, 120 I BRAGO | 161,00 DM |
| Postentgelte, §§ 11, 26 BRAGO | 24,20 DM |
| 16 % Umsatzsteuer, § 25 II BRAGO | 29,63 DM |
| Summe: | 214,83 DM |

### Lösung zu Aufgabe 23

| | |
|---|---:|
| Gegenstandswert: 2.900,00 DM | |
| Festgebühr gemäß §§ 11, 120 II BRAGO | 20,00 DM |
| Postentgelte, §§ 11, 26 BRAGO | 3,00 DM |
| 16 % Umsatzsteuer, § 25 II BRAGO | 3,68 DM |
| Summe: | 26,68 DM |

### Lösung zu Aufgabe 24

| | |
|---|---:|
| Gegenstandswert: 10.500,00 DM | |
| 7,5/10 Geschäftsgebühr, §§ 11, 12, 118 I BRAGO | 498,80 DM |
| Postentgelte, §§ 11, 26 BRAGO | 40,00 DM |
| 16 % Umsatzsteuer, § 25 II BRAGO | 86,21 DM |
| Summe: | 625,01 DM |

Hier ist Rechtsanwalt Rasche zu einer Geschäftsbesorgung beauftragt worden und damit die Gebührenvorschrift des § 118 I 1 BRAGO einschlägig. Sie verdrängt die Gebühr nach § 120 I BRAGO.

# 7 Mehr als ein schriftlicher Rat: Das Gutachten

Manchmal möchte der Mandant/die Mandantin mehr als nur einen mündlichen Rat, sondern eine schriftliche Formulierung der Rechtslage, in der alle einschlägigen Gesichtspunkte behandelt werden. Ein solches Gutachten kann z. B. Grundlage für Entscheidungen eines Gremiums sein.

Der Gesetzgeber hat die Gebühren bei der Erstellung von Gutachten in drei Vorschriften geregelt, nämlich

- in § 21 BRAGO (siehe sogleich unten im folgenden Kapitel),
- in § 21 a BRAGO (s. u. Kapitel 114)
- und in § 52 II BRAGO (s. u. Kapitel 114).

## 7.1 Die Gebühr für ein Gutachten nach § 21 BRAGO

Nach dieser Vorschrift erhält der Rechtsanwalt für die Ausarbeitung eines schriftlichen Gutachtens mit rechtlicher Begründung eine *angemessene* Gebühr. § 21 S. 2 BRAGO verweist ausdrücklich auf *§ 12 BRAGO*, der die Kriterien für die Bestimmung der Angemessenheit regelt. Der Rechtsanwalt muss also bei der Bestimmung der Höhe der Gebühr im Einzelfall insbesondere die *Bedeutung der Angelegenheit*, den *Umfang und die Schwierigkeit* der anwaltlichen Tätigkeit sowie die *Vermögens- und Einkommensverhältnisse* des Auftraggebers berücksichtigen. (Siehe hierzu oben Seite 18.) **Höhe der Gebühr**

Weiterhin soll der Rechtsanwalt auch beachten, was andere für ähnliche Gutachten verlangt haben *(BGH NJW 65, 539)*, es sollte ein angemessenes Verhältnis zum erstrebten wirtschaftlichen Zweck bestehen. Im Übrigen wird die Gebühr regelmäßig höher als eine volle Gebühr i. S. d. § 11 I 1-3 BRAGO sein. Geht man im Normalfall von einer *20/10* Gebühr aus, so wird man bei besonderen Umständen auch eine 30/10 oder 35/10 Gebühr rechtfertigen können *(OLG Stuttgart Justiz 69, 104; Hansens § 21 RdNr. 2 mit weiteren Nachweisen)*.

Maßgeblich für den Gegenstandswert ist der Wert, auf den sich das Gutachten bezieht *(BGH a.a.O.)*.

Doch wann liegt ein Gutachten überhaupt vor?

**Ein Gutachten besteht in der Regel**

1. aus einer geordneten Sachverhaltsdarstellung,
2. einer rechtlichen Beurteilung des Sachverhalts, die die Rechtsprechung und die in der Literatur vertretene Meinung berücksichtigt, sowie
3. aus dem eigenen Urteil des Rechtsanwalts.

**Abgrenzung Rat zum Gutachten**

Während ein schriftlicher **Rat** dem Auftraggeber lediglich das Ergebnis der rechtlichen Prüfung mitteilt, enthält das Gutachten nicht nur das Ergebnis, sondern zugleich auch die rechtliche Prüfung selbst *(Schalhorn JurBüro 72, 379; OLG München JurBüro 92, 103; Hansens § 21 RdNr. 1)*.

**Rechtsnatur und Entstehungszeitpunkt**

Der Auftrag, ein schriftliches Gutachten zu erstellen, stellt sich als **Werkvertrag** dar *(BGH NJW 65, 108)*. Da der Rechtsanwalt also nicht nur die Tätigkeit, sondern den *Erfolg* selbst schuldet, entsteht der Gebührenanspruch erst mit Fertigstellung des Gutachtens. Der Auftraggeber kann jedoch bis zur Vollendung des Gutachtens jederzeit den Auftrag kündigen (§ 649 BGB). In diesem Falle ist der Rechtsanwalt berechtigt, eine angemessene Gebühr zu fordern unter Berücksichtigung der bisherigen Tätigkeit.

Es wird Zeit für ein Beispiel - die Lösung finden Sie auf Seite 115.

**Fall 29 (Das schriftliche Gutachten)**

Rechtsanwalt Rasche wird von seinem Mandanten gebeten, in einer umfangreichen Schadensersatzangelegenheit ein schriftliches Gutachten zu erstellen. Es geht um Ansprüche aus Geldrente (monatliches Einkommen 5.000 DM) und weitere Ansprüche in Höhe von 50.000 DM. Gehen Sie bei der Kostenrechnung von einem Gebührensatz in Höhe von 20/10 aus.

Wie hoch ist aber der Streitwert? Hier gilt *§ 17 GKG*: Werden Schadensersatz- **Geldrente aus** ansprüche aus unerlaubter Handlung als monatliche Geldrente geltend ge- **unerlaubter Hand-** macht, so ist als Gegenstandswert der fünffache Jahresbetrag maßgebend, **lung** wenn nicht der Gesamtbetrag der geforderten Leistungen geringer ist. Hinzu kommt dann natürlich noch der zusätzlich geltend gemachte Betrag von 50.000 DM.

**Ihre Lösung:**

Gegenstandswert: 350.000,00 DM

Summe:                                                        8.317,20 DM

**Fortsetzung des Falles:**

**Fall 30 (Die Klage nach Gutachten)**

> Nehmen Sie einmal an, nach der Erstellung des Gutachtens beauftragt der
> Mandant Rechtsanwalt Rasche mit der Klageerhebung. Nach Zustellung der
> Klage, einer streitigen mündlichen Verhandlung und einer Beweisaufnahme
> mit Weiterverhandlung ergeht ein Urteil. Welche Kosten und Auslagen kann
> Rechtsanwalt Rasche jetzt geltend machen? Der Gegenstandswert bleibt
> unverändert.

Die Kostenrechnung für den Zivilprozess müsste eigentlich klar sein:

**Gebühren im Zivilprozess:**

Gegenstandswert:

Summe:                                                        12.452,60 DM

Die Lösung finden Sie auf Seite 116.

Keine Anrechnung
auf den Zivilpro-
zess

Es bleibt jedoch die Frage, ob neben dieser Kostenrechnung auch noch die Gebühr für die Ausarbeitung des schriftlichen Gutachtens berechnet werden darf. Diese Frage ist zu bejahen. Die Ausarbeitung des Gutachtens hat eine andere Zielrichtung als die Beauftragung des Rechtsanwalts mit der gerichtlichen oder außergerichtlichen Durchsetzung und stellt eine besondere Angelegenheit dar. Aus diesem Grund werden sie weder durch § 31 noch durch § 118 BRAGO verdrängt. *(KG AnwBl. 57, 100; OLG Karlsruhe MDR 76, 670; Müller JurBüro 78, 496; Hansen § 21 RdNr. 1 a. E.).* Es kommt die im vorigen Fall erstellte Kostenrechnung noch hinzu.

## 7.2   Die Gebühren für ein Gutachten nach § 21a BRAGO

Wird der Rechtsanwalt beauftragt, über die Aussichten einer Berufung oder einer Revision ein schriftliches Gutachten auszuarbeiten, so erhält er hierfür eine 13/10 Gebühr. Da § 21 a nur auf § 11 I Satz 4 und nicht auf Satz 5 verweist, bekommt auch der BGH-Anwalt, der ein Gutachten über die Erfolgsaussichten einer Revision erstellt, keine 20/10, sondern ebenfalls eine 13/10-Gebühr.

Zum Begriff „schriftliches Gutachten" und zum Inhalt siehe oben ab Seite 111.

Maßgeblich für den Gegenstandswert ist der mit dem Rechtsmittel anzufechtende Betrag. Wird nur ein Teil angefochten, so gilt nur dieser Teil als Streitwert.

§ 21 a BRAGO enthält noch in Satz 2 eine *Anrechnungsvorschrift*: Im Gegensatz zu der in § 21 BRAGO geregelten Gebühr (siehe voriges Kapitel) wird die Gebühr für die Ausarbeitung des Gutachtens über die Erfolgsaussichten eines Rechtsmittels nach § 21 a BRAGO auf die im Rechtsmittelverfahren entstehende Prozessgebühr angerechnet.

## 7.3   Die Gebühr für gutachtliche Äußerungen nach § 52 II BRAGO

Der Begriff „gut-
achtliche Äußerun-
gen"

Übersendet ein Rechtsanwalt im Einverständnis mit dem Auftraggeber seine Handakten an den Rechtsanwalt des höheren Rechtszuges, und verbindet er bei dieser Übersendung zugleich gutachtliche Äußerungen, so erhält er dafür nach

*§ 52 II BRAGO* eine *Verkehrsgebühr*. Unter *„gutachtlichen Äußerungen"* versteht man Ausführungen, die über einen Rat oder eine Auskunft hinaus gehen und sich auf die im Rechtsstreit erheblichen tatsächlichen und rechtlichen Fragen erstrecken. Eine zusammenfassende Sachverhaltswiedergabe stellt also keine gutachtliche Äußerung dar.

*Übersendender Rechtsanwalt* kann der Hauptbevollmächtigte oder der Verkehrsanwalt der unteren Instanz sein, aber auch ein anderer, bisher am Rechtsstreit nicht beteiligter Anwalt.

In welcher *Höhe* entsteht nun diese Gebühr? § 52 II BRAGO verweist hier auf den Absatz 1: Der übersendende Rechtsanwalt erhält für seine gutachtlichen Äußerungen eine Gebühr *in Höhe der dem Prozessbevollmächtigten zustehenden Prozessgebühr.* Für die gutachtlichen Äußerungen über die Berufungs- und Revisionsinstanz wird also eine *13/10* Gebühr anzusetzen sein.

Die Höhe der Gebühr

Eine *20/10* Gebühr nach § 52 II BRAGO könnte nur dann in Betracht kommen, wenn der übersendende Rechtsanwalt selber beim BGH zugelassen wäre. Dieser Fall dürfte aber selten eintreten.

Übrigens: Die reine *Übersendung der Handakten* an den Auftraggeber oder einen Prozessbevollmächtigten der höheren Instanz wird von § 52 II BRAGO nicht erfasst! Diese Aktenübersendung gehört nach § 37 Nr. 7 BRAGO noch zum bisher geführten Rechtszug und wird von der Prozessgebühr mit abgegolten. Das gilt auch für Aktenversendungen an andere zuständig gewordene Rechtsanwälte wie im Falle der Verweisung oder der Zurückverweisung. Erst eine im Auftrag des Mandanten erteilte gutachtliche Äußerung in Verbindung mit der Aktenübersendung löst die Verkehrsgebühr des § 52 II BRAGO aus.

## 7.4   Lösungen zu den Fällen

**Lösung zu Fall 29**

**Die Berechnung des Gegenstandswertes:**

| | | |
|---|---|---:|
| 1. monatliche Rente: | 5000 DM x 12 x 5 | 300.000,00 DM |
| 2. weitere Ansprüche: | | 50.000,00 DM |
| Summe: | | 350.000,00 DM |

**Die Kostenrechnung:**

Gegenstandswert: 350.000,00 DM

| | |
|---|---:|
| 20/10 für schriftliches Gutachten, §§ 12, 21 BRAGO | 7.130,00 DM |
| Postentgelte, §§ 11, 26 BRAGO | 40,00 DM |
| 16 % Umsatzsteuer, § 25 II BRAGO | 1.147,20 DM |
| Summe: | 8.317,20 DM |

**Lösung zu Fall 30**

**Kostenrechnung für das schriftliche Gutachten:**

Gegenstandswert: 350.000,00 DM

| | |
|---|---:|
| 20/10 für schriftliches Gutachten, §§ 12, 21 BRAGO | 7.130,00 DM |
| Postentgelte, §§ 11, 26 BRAGO | 40,00 DM |
| 16 % Umsatzsteuer, § 25 II BRAGO | 1.147,20 DM |
| Summe: | 8.317,20 DM |

**Gebühren im Zivilprozess:**

Gegenstandswert: 350.000,00 DM

| | |
|---|---:|
| 10/10 Prozessgebühr, §§ 11, 31 I 1 BRAGO | 3.565,00 DM |
| 10/10 Verhandlungsgebühr, §§ 11, 31 I 2 BRAGO | 3.565,00 DM |
| 10/10 Beweisgebühr, §§ 11, 31 I 3 BRAGO | 3.565,00 DM |
| Postentgelte, §§ 11, 26 BRAGO | 40,00 DM |
| 16 % Umsatzsteuer, § 25 II BRAGO | 1.717,60 DM |
| Summe: | 12.452,60 DM |

## 7.5  Testen Sie sich selbst: Test- und Prüfungsfragen

1.  **Nach welcher Vorschrift erhält der Rechtsanwalt für die Ausarbeitung eines schriftlichen Gutachtens mit rechtlicher Begründung eine Gebühr?**

    nach § 21 BRAGO

**2.  Wie hoch ist eine solche Gebühr?**

Sie muss angemessen sein (§§ 21 S.2, 12 BRAGO).

**3.  Welchen Gebührensatz wird man normalerweise zugrunde legen?**

20/10

**4.  Ist auch ein höherer Gebührensatz denkbar?**

Bei besonderen Umständen wird man auch eine 30/10 oder gar 35/10 Gebühr rechtfertigen können.

**5.  Woraus besteht i.d.R. ein Gutachten?**

Ein Gutachten besteht i.d.R. aus einer geordneten Sachverhaltsdarstellung, einer rechtlichen Beurteilung, die die Rechtsprechung und die in der Literatur vertretene Meinung berücksichtigt, sowie aus dem eigenen Urteil des Rechtsanwalts.

**6.  Grenzen Sie den *schriftlichen Rat* vom *schriftlichen Gutachten* ab!**

Ein schriftlicher Rat teilt dem Auftraggeber lediglich das Ergebnis der rechtlichen Prüfung mit, das Gutachten enthält außerdem noch die rechtliche Prüfung selbst.

**7.  Welche Rechtsnatur hat ein schriftliches Gutachten?**

Es ist ein Werkvertrag.

**8.  Wann entsteht also erst der Gebührenanspruch?**

Er entsteht erst mit Fertigstellung des Gutachtens.

**9.  Wie hoch ist der Gegenstandswert bei Schadensersatzansprüchen aus unerlaubter Handlung?**

Werden Schadensersatzansprüche aus unerlaubter Handlung als monatliche Geldrente geltend gemacht, so ist als Gegenstandswert der fünffache Jahresbetrag maßgebend, wenn nicht der Gesamtbetrag der geforderten Leistungen geringer ist. Hinzu kommen eventuelle weitere Einzelansprüche.

**10. Wird die Gebühr für ein schriftliches Gutachten auf die im nachfolgenden Zivilprozess entstandenen Gebühren angerechnet?**

Nein, die Ausarbeitung des Gutachtens hat eine andere Zielrichtung und stellt eine besondere Angelegenheit dar.

**11. Nach welcher Vorschrift und in welcher Höhe erhält der Rechtsanwalt eine Gebühr, wenn er beauftragt wird, über die Aussichten einer Berufung oder einer Revision ein schriftliches Gutachten auszuarbeiten?**

Er erhält er hierfür eine 13/10 Gebühr nach § 21 a BRAGO

**12. Wird eine solche Gebühr auf die Gebühren im nachfolgenden Rechtsmittelverfahren angerechnet?**

Ja, § 21 a Satz 2 BRAGO.

**13. Nach welcher Vorschrift erhält der aktenübersendende Rechtsanwalt eine Gebühr für gutachtliche Äußerungen?**

nach § 52 II BRAGO

**14. Wie hoch ist diese Gebühr?**

Der übersendende Rechtsanwalt erhält für seine gutachtlichen Äußerungen eine Gebühr in Höhe der dem Prozessbevollmächtigten zustehenden Prozessgebühr, in der Regel also eine 13/10 Gebühr.

**15. Wie wird die reine Übersendung der Handakten an den Auftraggeber oder einen Prozessbevollmächtigten der höheren Instanz gebührenrechtlich behandelt?**

Diese Tätigkeit des Rechtsanwalts wird von § 52 II BRAGO nicht erfasst, sondern sie gehört nach § 37 Nr. 7 BRAGO noch zum bisher geführten Rechtszug und wird von der Prozessgebühr mit abgegolten.

# 8 Wenn der Erfolg eintrifft: Die Hebegebühr, § 22 BRAGO

Für alle mit der Entgegennahme, Verwahrung, Auszahlung bzw. Ablieferung von Geld, Wertpapieren oder Kostbarkeiten zusammenhängenden Tätigkeiten erhält der Rechtsanwalt nach § 22 BRAGO eine besondere Gebühr.

## 8.1 Grundlagen

Werden an den Rechtsanwalt bare oder unbare Zahlungen geleistet, so erhält er eine *Hebegebühr (Inkassogebühr)* für die Auszahlung oder Rückzahlung nach § 22 BRAGO, wenn die Tätigkeit mit der Berufstätigkeit des Rechtsanwalts in Verbindung steht und der Rechtsanwalt zur Entgegennahme und Weiterleitung den Auftrag erhalten hat. Sie soll dem Rechtsanwalt die verantwortungsvolle und aus dem Rahmen seiner sonstigen Tätigkeit herausfallende Auszahlung oder Rückzahlung und die damit verbundene Verwaltung von Geldern vergüten (*Madert in Gerold/Schmidt/v.Eicken/Madert, § 22, RdNr. 2*). — Begriff und Zweck

Nimmt der Anwaltsnotar in seiner Eigenschaft als Notar Gelder entgegen, so kann er keine Hebegebühr nach § 22 BRAGO, wohl aber in derselben Höhe nach § 149 KostO beanspruchen (*Madert in Gerold/Schmidt/v.Eicken/Madert, § 149 KostO*).

| Die Höhe der Hebegebühr beträgt: | | |
|---|---|---|
| bei Beträgen bis zu | 5.000 DM | 1 % ! |
| von dem Mehrbetrag bis zu | 20.000 DM | 0,5 % |
| von dem Mehrbetrag über | 20.000 DM | 0,25 %. |

Beschränkt sich der Auftrag des Rechtsanwalts auf die Auszahlung oder Rückzahlung bzw. auf das Einziehen und Weiterleiten, so kommen noch *Postentgelte* und die *Umsatzsteuer* hinzu.

Die Hebegebühr ist auf volle 10 Pfennig *aufzurunden* (§ 11 II 2 BRAGO).

### Fall 31 (Hebegebühr: Gegenstandswert unter 5.000 DM)

Der Mandant beauftragt seinen Rechtsanwalt, von dem Gegner 3.000 DM in Empfang zu nehmen und weiterzuleiten.

**Ihre Kostenrechnung:**

Gegenstandswert: 3.000,00 DM

Summe:

Zur Lösung siehe unten ab Seite 125.

### Fall 32 (Hebegebühr: Gegenstandswert unter 20.000 DM)

Dieses Mal soll der Rechtsanwalt vom Gegner 12.000 DM einziehen und weiterleiten.

**Denkbarer Fehler bei der Lösung dieses Falles:** Manchmal werden fälschlicherweise 0,5 % von 12.000 DM berechnet. Berücksichtigen Sie bei der Lösung dieses Falles, dass auch bei höheren Beträgen die Prozentwerte gestuft in Ansatz gebracht werden, d. h. zunächst der Betrag bis 5.000 DM mit 1 %, der Mehrbetrag bis 20.000 DM mit 0,5 % und erst der darüber hinausgehende Betrag mit 0,25 % abgerechnet wird.

**Ihre Kostenrechnung:**

Gegenstandswert: 12.000,00 DM

Summe:

Üben wir das noch einmal an einem weiteren Fall:

**Fall 33 (Gegenstandswert über 20.000 DM)**

Der Rechtsanwalt erhält nunmehr den Auftrag, 30.000 DM von dem Gegner einzuziehen und an den Mandanten weiterzuleiten.

**Ihre Kostenrechnung:**

Gegenstandswert: 30.000,00 DM

Summe:                                                                    200,10 DM

Die Lösung finden Sie wieder unten ab Seite 125.

Die Hebegebühr entsteht auch für die Ablieferung oder Rücklieferung von *Wertpapieren* und *Kostbarkeiten* (§ 22 IV BRAGO). Sonderfälle

**Gegenstandswert ist:**

- **bei ausländischen Geld- oder Wertpapieren:** der Kurswert im Zeitpunkt der Belastung des Rechtsanwaltskontos,

- **bei Kostbarkeiten:** der Verkehrswert im Zeitpunkt der Rückgabe.

# 8.2 Geltungsbereich

Die Hebegebühr gilt pauschal alle mit dem Auftrag des Rechtsanwalts zusammenhängenden Tätigkeiten einschließlich den damit verbundenen Schriftverkehr ab.

**Die Hebegebühr umfasst insbesondere ...**

- die *Entgegennahme/Einzahlung* des Geldbetrages einschließlich der *Zahlungsüberwachung*

- die *Prüfung* der Auszahlungsreife und der Auszahlung selbst

- den mit dem Auftrag zusammenhängenden *Schriftwechsel*

- die *Überprüfung* der anfallenden *Bankzinsen*, aber auch
- die **Kontrolle** der Lastschriften **von Bankspesen**
- sowie die Einlösung von Zinsscheinen.

**Die Hebegebühr neben anderen Gebühren**

Die Hebegebühr stellt ein Entgelt dar für die Entgegennahme, Kontrolle und Auszahlung von Geldern, Wertpapieren und Kostbarkeiten. Hat der Rechtsanwalt einen weitergehenden Auftrag erhalten, so ist diese Tätigkeit neben der Hebegebühr gesondert zu vergüten, insbesondere ist eine *Geschäftsgebühr* nach § 118 I 1 BRAGO zu prüfen:

**Fall 34 (Hebegebühr neben weitergehender Tätigkeit)**

Im Zusammenhang mit einer Erbschaftsabwicklung wird Rechtsanwalt Rasche von seinem Mandanten gebeten, Aktien mit einem Kurswert von 100.000 DM entgegenzunehmen, über eine Bank den Verkauf zu veranlassen und den Erlös nach Abzug der Kosten und Verbindlichkeiten zu überweisen. Das geschieht.

Zur Lösung siehe unten ab Seite 126.

**Folgende Tätigkeiten des Rechtsanwalts sind nicht mit der Hebegebühr abgegolten,** sondern können nach § 118 I BRAGO gesondert in Rechnung gestellt werden:

**Tätigkeiten, die nicht mit der Hebegebühr abgegolten sind**

- die Einlösung von Zinsscheinen von Wertpapieren
- der Umtausch von Geldern (DM in ausländische Währung oder umgekehrt) und
- die Veräußerung von Wertpapieren und Kostbarkeiten (z. B. zum Zwecke der Verteilung des Erlöses an verschiedene Empfangsberechtigte, siehe *Madert in Gerold/Schmidt/v.Eicken/Madert, § 22 RdNr. 2*).

Hier kann der Rechtsanwalt nach § 118 BRAGO liquidieren, mit der Auszahlung des erhaltenes Betrages kommt noch bei einem entsprechenden Auftrag die Hebegebühr hinzu.

**Hebegebühr und Höchstbetrag der Postentgelte**

In der Regel wird der Rechtsanwalt nicht nur ausschließlich zur Entgegennahme und Weiterleitung von Fremdgeldern beauftragt worden sein; häufig wird dieser Auftrag im Zusammenhang mit seiner vorausgehenden gerichtlichen oder außergerichtlichen Tätigkeit stehen. In diesem Fall dürfen *Postentgelte* nur dann berechnet werden, wenn damit der Höchstbetrag von 40 DM in Zivilsachen oder 30 DM in Strafsachen gemäß § 26 BRAGO nicht überschritten wird.

**Ihre Lösung zu Fall 34:**

Gegenstandswert: 100.000,00 DM
...................................................................................................................................

...................................................................................................................................

...................................................................................................................................

...................................................................................................................................

Summe:                                                                         2.272,21 DM

Eine Hebegebühr entsteht auch dann nicht, wenn die Entgegennahme, Verwahrung und Weiterleitung nicht in unmittelbarem Zusammenhang mit der eigentlichen Berufstätigkeit des Rechtsanwalts steht, wenn er also beispielsweise als Vormund, Pfleger, Betreuer, Testamentsvollstrecker oder Konkursverwalter tätig ist *(Hansens, § 22 RdNr. 4; Madert in Gerold/Schmidt/v.Eicken/Madert, § 22, RdNr. 2).*

§ 13 II BRAGO gilt nicht für die Hebegebühr, sie kann also in derselben Angelegenheit mehrmals entstehen.

*Keine Hebegebühr bei berufsfremder Tätigkeit*

# 8.3   Besonderheiten

Im Gegensatz zu § 11 II BRAGO beträgt die **Mindestgebühr** nicht 20,00 DM, sondern für die Hebegebühr beträgt sie *1,00 DM* (§ 22 III BRAGO).

Wird das Geld in mehreren Beträgen gesondert ausgezahlt oder zurückgezahlt (Teilzahlungen), so wird die Gebühr von jedem Betrag besonders erhoben (§ 22 II BRAGO). Diese besondere Regelung setzt für die Hebegebühr die Regelung des § 13 II und III BRAGO außer Kraft, wonach dieselbe Gebühr in derselben Angelegenheit nur einmal gefordert werden kann, und die Wertteile derselben Gebühr insgesamt nicht mehr betragen dürfen als eine Gebühr vom zusammengerechneten Gegenstandswert.

**Fall 35 (Die Ratenzahlungen)**

Rechtsanwalt Rasche wird gebeten, außergerichtlich eine Forderung von 30.000 DM durchzusetzen, diesen Betrag auch von dem Gegner anzunehmen und an den Mandanten weiterzuleiten.

Der Gegner überweist den Betrag in vierteljährlichen Beträgen zu 5.000 DM.

Denken Sie daran: Welche Gebührenansprüche sind entstanden? (Die Lösung finden Sie unten auf Seite 126.)

**Ihre Lösung:**

Gegenstandswert: 30.000,00 DM

.................................................................................................................................

.................................................................................................................................

.................................................................................................................................

.................................................................................................................................

.................................................................................................................................

Summe:                                      1.355,81 DM

**Entnahme- und Zurückbehaltungs- recht**

Der Rechtsanwalt kann die ihm zustehende Gebühr bei der Überweisung an den Auftraggeber einbehalten (§ 22 I 3 BRAGO). Dieses *Entnahmerecht* besteht jedoch nur bei Geldbeträgen, die an den *Auftraggeber* (nicht an Dritte) überwiesen werden. Soll der Rechtsanwalt Wertpapiere oder Kostbarkeiten weiterleiten, so steht ihm für seine Hebegebühr lediglich ein *Zurückbehaltungsrecht* nach § 273 BGB zu.

Eine weitere Besonderheit enthält § 22 V BRAGO. Nach dieser Vorschrift erhält der Rechtsanwalt eine Hebegebühr nicht, soweit er

- Kosten an ein Gericht oder eine Behörde weiterleitet (Beispiel: Zahlung eines Gerichtskostenvorschusses)

- soweit er eingezogene Kosten an den Auftraggeber abführt oder

- eingezogene Beträge auf seine Vergütung verrechnet.

Betreibt der Rechtsanwalt die Zwangsvollstreckung auch wegen der *festgesetzten Kosten*, so sind diese allerdings durch den Kostenfestsetzungsbeschluss tituliert worden und damit keine Nebenforderungen mehr, sondern Kosten zur Hauptsache geworden. Die Hebegebühr kann in diesem Fall also berechnet werden. - Jetzt wird es Zeit für die Lösungen der Fälle:

# 8.4 Lösungen zu den Fällen

**Lösung zu Fall 31**

Gegenstandswert: 3.000,00 DM

| | |
|---|---:|
| Hebegebühr, §§ 11, 22 I BRAGO | 30,00 DM |
| Postentgelte, §§ 11, 26 BRAGO | 4,50 DM |
| 16 % Umsatzsteuer, § 25 II BRAGO | 5,52 DM |
| Summe: | 40,02 DM |

**Lösung zu Fall 32**

Gegenstandswert: 12.000,00 DM

| | |
|---|---:|
| Hebegebühr, §§ 11, 22 I BRAGO | 85,00 DM |
| Postentgelte, §§ 11, 26 BRAGO | 12,80 DM |
| 16 % Umsatzsteuer, § 25 II BRAGO | 15,65 DM |
| Summe: | 113,45 DM |

**Lösung zu Fall 33**

Gegenstandswert: 30.000,00 DM

| | |
|---|---:|
| Hebegebühr, §§ 11, 22 I BRAGO | 150,00 DM |
| Postentgelte, §§ 11, 26 BRAGO | 22,50 DM |
| 16 % Umsatzsteuer, § 25 II BRAGO | 27,60 DM |
| Summe: | 200,10 DM |

**Lösung zu Fall 34**

Gegenstandswert: 100.000,00 DM

| | |
|---|---:|
| 7,5/10 Geschäftsgebühr, §§ 11, 12, 118 I BRAGO | 1.593,80 DM |
| Hebegebühr, §§ 11, 22 I BRAGO | 325,00 DM |
| Postentgelte, §§ 11, 26 BRAGO | 40,00 DM |
| 16 % Umsatzsteuer, § 25 II BRAGO | 313,41 DM |
| Summe: | 2.272,21 DM |

**Lösung zu Fall 35**

Gegenstandswert: 30.000,00 DM

| | |
|---|---:|
| 7,5/10 Geschäftsgebühr, §§ 11, 12, 118 I BRAGO | 828,80 DM |
| 6 Hebegebühren über 5.000,00 DM | 300,00 DM |
| §§ 11, 22 I BRAGO | |
| Postentgelte, §§ 11, 26 BRAGO | 40,00 DM |
| 16 % Umsatzsteuer, § 25 II BRAGO | 187,01 DM |
| Summe: | 1.355,81 DM |

## 8.5   Trainingsteil

Die Lösungen zu den nachfolgenden Aufgaben finden Sie sogleich unten in ab Seite 130.

**Aufgabe 25**

**Berechnen Sie lediglich die Hebegebühr (keine komplette Kostenrechnung erforderlich) bei einem Auftrag über**

a)      **500,00 DM**

b)      **9.900,00 DM**

c)      **12.000,00 DM**

d)      **25.500,00 DM**

e)      **3.600,00 DM**

f)      **120.000,00 DM**

**Aufgabe 26 \*\*\***

Der Rechtsanwalt soll auftragsgemäß vom Gegner 25.000,00 DM einziehen und weiterleiten. - Erstellen Sie die vollständige Kostenrechnung! Es liegt darüber hinaus kein weiterführender Geschäftsbesorgungsauftrag vor.

**Aufgabe 27**

Rechtsanwalt Rasche soll zur Abwicklung eines Nachlasses diverse Wertgegenstände und Wertpapiere veräußern. Insgesamt erhält er so 250.000,00 DM die er auftragsgemäß an den Mandanten überweist.

**Aufgabe 28**

Rechtsanwalt Rasche wird gebeten, außergerichtlich eine Forderung von 45.000,00 DM durchzusetzen, diesen Betrag auch von dem Gegner anzunehmen und an den Mandanten weiterzuleiten. Der Gegner überweist den Betrag mit 3 Teilzahlungen zu je 15.000,00 DM.

# 8.6 Testen Sie sich selbst: Test- und Prüfungsfragen

1. **Wann erhält der Rechtsanwalt eine Hebegebühr?**

   Werden an den Rechtsanwalt bare oder unbare Zahlungen geleistet, so erhält er eine Hebegebühr für die Auszahlung oder Rückzahlung der Beträge, die der Rechtsanwalt zur Entgegennahme und Weiterleitung den Auftrag erhalten hat.

2. **Nach welcher Vorschrift erhält der Rechtsanwalt diese Gebühr?**

   nach § 22 BRAGO

3. **Wie nennt man diese Gebühr noch?**

   Inkassogebühr

4. **Wann entsteht diese Gebühr aber nicht?**

   wenn die Tätigkeit nicht mit der Berufstätigkeit des Rechtsanwalts in Verbindung steht

**5.   Nennen Sie Beispiele hierfür!**

Der Rechtsanwalts wird beispielsweise als Vormund, Pfleger, Betreuer, Testamentsvollstrecker oder Konkursverwalter tätig.

**6.   Wie hoch ist die Hebegebühr?**

Die Hebegebühr beträgt:
bei Beträgen bis zu        5.000 DM        1 %
von dem Mehrbetrag bis zu              20.000 DM    0,5 %
von dem Mehrbetrag über              20.000 DM    0,25 %.

**7.   Was ist noch bei der Berechnung der Hebegebühr zu berücksichtigen?**

Die Hebegebühr ist auf volle 10 Pfennig aufzurunden (§ 11 II 2 BRAGO).

**8.   Die Hebegebühr entsteht nicht nur bei Geldzahlungen - wofür entsteht sie noch?**

Sie entsteht auch für die Ablieferung oder Rücklieferung von Wertpapieren und Kostbarkeiten (§ 22 IV BRAGO).

**9.   Häufig entsteht mit der Hebegebühr noch eine weitere Gebühr - welche ist gemeint?**

Hat der Rechtsanwalt einen weitergehenden Auftrag erhalten, so ist diese Tätigkeit neben der Hebegebühr gesondert zu vergüten, insbesondere ist eine Geschäftsgebühr nach § 118 I 1 BRAGO zu prüfen:

**10.  Nennen Sie Beispiele für Tätigkeiten des Rechtsanwalts, die nicht mit der Hebegebühr abgegolten sind, sondern gesondert in Rechnung gestellt werden können!**

Hierzu gehört die Einlösung von Zinsscheinen von Wertpapieren, der Umtausch von Geldern und die Veräußerung von Wertpapieren und Kostbarkeiten.

**11.  Was kommt zur Hebegebühr noch hinzu?**

Postentgelte und Umsatzsteuer

**12. Wie hoch ist eine Mindestgebühr bei der Hebegebühr?**

Die Mindestgebühr beträgt 1,00 DM (§ 22 III BRAGO).

**13. Wie hoch ist die Mindestgebühr normalerweise und nach welcher Vorschrift?**

Nach § 11 II BRAGO beträgt die Mindestgebühr 20,00 DM.

**14. Was gilt bei Teilzahlungen?**

Hier wird die Gebühr von jedem Betrag besonders erhoben (§ 22 II BRAGO).

**15. Steht dem Rechtsanwalt hinsichtlich der Hebegebühr auch ein sog. Entnahmerecht zu?**

Ja, aber nur bei Geldbeträgen, die an den Auftraggeber (nicht an Dritte) überwiesen werden.

**16. Wann steht dem Rechtsanwalt aber nur ein Zurückbehaltungsrecht nach § 273 BGB zu?**

bei der Weiterleitung von Wertpapieren oder Kostbarkeiten

## 8.7   Lösungen zum Trainingsteil

**Lösung zu Aufgabe 25**

Die Hebegebühr beträgt bei einem Gegenstandswert von

| | | |
|---|---|---|
| a) | 500,00 DM: | 5,00 DM |
| b) | 9.900,00 DM: | 74,50 DM |
| c) | 12.000,00 DM: | 85,00 DM |
| d) | 25.500,00 DM: | 138,80 DM |
| e) | 3.600,00 DM: | 36,00 DM |
| f) | 120.000,00 DM: | 375,00 DM |

**Lösung zu Aufgabe 26**

| | |
|---|---|
| Gegenstandswert: 25.000,00 DM | |
| Hebegebühr, §§ 11, 22 I BRAGO | 137,50 DM |
| Postentgelte, §§ 11, 26 BRAGO | 20,70 DM |
| 16 % Umsatzsteuer, § 25 II BRAGO | 25,31 DM |
| Summe: | 183,51 DM |

**Lösung zu Aufgabe 27**

| | |
|---|---|
| Gegenstandswert: 250.000,00 DM | |
| 7,5/10 Geschäftsgebühr, §§ 11, 12, 118 I BRAGO | 2.193,80 DM |
| Hebegebühr, §§ 11, 22 I BRAGO | 700,00 DM |
| Postentgelte, §§ 11, 26 BRAGO | 40,00 DM |
| 16 % Umsatzsteuer, § 25 II BRAGO | 469,41 DM |
| Summe: | 3.403,21 DM |

**Lösung zu Aufgabe 28**

Gegenstandswert: 45.000,00 DM

| | |
|---|---:|
| 7,5/10 Geschäftsgebühr, §§ 11, 12, 118 I BRAGO | 1.008,80 DM |
| 3 Hebegebühren über 15.000,00 DM | 300,00 DM |
| §§ 11, 22 I BRAGO | |
| Postentgelte, §§ 11, 26 BRAGO | 40,00 DM |
| 16 % Umsatzsteuer, § 25 II BRAGO | 215,81 DM |
| Summe: | 1.564,61 DM |

## Zu guter Letzt

*Herzlichen Glückwunsch! Sie haben es geschafft! Wenn Sie zum Thema dieses Kursheftes weitere Informationen wünschen, dann ziehen Sie Werke der in dem Kapitel „Fehler! Verweisquelle konnte nicht gefunden werden.", Seite Fehler! Textmarke nicht definiert., erwähnten Literatur (Kommentar oder Lehrbuch) hinzu.*

*Sie haben Verbesserungsvorschläge? Meine E-Mail-Adresse befindet sich am Schluss des Vorworts. Ich freue mich auf Ihre Zuschrift!*

*Ich wünsche Ihnen mit dem neu erworbenen Wissen noch einmal:*

## Viel Erfolg!

#  9 Verzeichnis der Fälle, Aufgaben und Lösungen

Die nachfolgenden Übersichten und Hinweise sollen Ihnen helfen, bei einer Wiederholung der Themen schnell die gesuchten Fälle bzw. Aufgaben mit Lösungen wiederzufinden. Hier haben Sie die Liste.

## 9.1 Fälle

## 9.2 Lösungen der Fälle

## 9.3    Aufgaben des Trainingsteils

## 9.4    Lösungen der Aufgaben

# 10 Literaturhinweise

Hier kann nur eine kurze Auswahl angeboten werden, dafür sollen Ihnen einige Bemerkungen bei der Einschätzung helfen, welche Literatur Sie gegebenenfalls heranziehen können.

## 10.1 Kommentare

Haben Sie Verständnis- und Auslegungsschwierigkeiten mit konkreten Vorschriften der BRAGO? Hier hilft ein Blick in die Kommentierung insbesondere von

*Gerold/Schmidt/von Eicken/Madert:* Bundesgebührenordnung für Rechtsanwälte, Kommentar, Verlag C. H. Beck, München. Dieser in der Praxis bekannte Kommentar erscheint in regelmäßigen Neuauflagen.

*Hansens, Heinz:* Bundesgebührenordnung für Rechtsanwälte, Kommentar, Verlag C. H. Beck, München. Auch dieser häufig neu aufgelegte Kommentar wird Ihnen in Zweifelsfällen sicherlich weiterhelfen. Er ist wesentlich preiswerter als der vorherige, auch kleiner im Format, doch mit der kleiner gewählten Schrifttype stimmt neben dem qualitativen auch der quantitative Inhaltsaspekt.

## 10.2 Lehrbücher

Für RENO-Angestellte gibt es eine Fülle von Werken, von denen ich nur eine Auswahl kommentieren kann:

*von Geisau-Mühle:* Fachkunde für Rechtsanwalts- und Notarfachangestellte, Stam Verlag Köln und München

*Kähler/Nolte/Erlemann/Steffen/Zöller:* Fachkunde für die Rechtsanwaltspraxis,

Merkur Verlag Rinteln. Dieses Schulbuch wird auch deshalb im Rechtsanwaltsbüros gerne bestellt, weil es auch einen ausführlichen Teil zum Berufsrecht des Rechtsanwalts enthält.

*Lutz, Ferdinand/Meyer, Gabriela:* Fachkunde für Rechtsanwalts- und Notarfachangestellte, Verlag Europa-Lehrmittel, Haan-Gruiten. Bei diesem Buch und den beiden folgenden handelt es sich um Schulbücher.

Den geschilderten drei Schulbüchern ist gemeinsam, dass sie, um zugelassen zu werden, den gesamten umfangreichen Lernstoff enthalten müssen, wie er in dem Bundesrahmenlehrplan bzw. den Lehrplänen der Länder enthalten ist. Dadurch kommen natürlich viele schwierigen Gebiete, die von den Prüflingen beherrscht werden müssen und die auch in der Praxis immer wieder auftauchen, oft zu kurz. Der Band von Lutz, Ferdinand/Meyer, Gabriela enthält immerhin noch Aufgaben mit einem dazu erhältlichen Lösungsheft.

Durchaus nicht ausführlicher sind die nachfolgenden Bände, die zwar die drei Säulen der Fachkunde (Verfahrensrecht, Vollstreckungsrecht, Gebührenrecht) nicht in einem Band vereinigen, dafür aber deutlich dünner sind, so dass sie insgesamt auch nicht mehr als eines der oben genannten Lehrbücher ergeben:

*Vogt, Hans-Egon:* Rechtslehre für RENO-Klassen. Teil I: Der Zivilprozes, Gehlen Verlag, Bad Homburg v. d. Höhe

- *ders.:* Rechtslehre für RENO-Klassen. Teil II. Die Zwangsvollstreckung, Gehlen Verlag, Bad Homburg v. d. Höhe

*Kageler, Herwig/Schmidt-Reißig, Jürgen:* Das Kostenrecht - Ein Leitfaden für das Notariat, Gehlen Verlag, Bad Homburg v. d. Höhe

Auf das Gebührenrecht beschränkt, aber ebenfalls mit Aufgaben versehen sind die Bücher von

*Lutz, Ferdinand:* Kosten- und Gebührenrecht für Rechtsanwalts- und Notarfachangestellte, Verlag Europa-Lehrmittel, Haan-Gruiten. Auch hier können Sie noch das Lösungsheft zusätzlich erwerben.

*Podlech-Trappmann, Bernd:* BRAGO - Basiswissen, Deutscher Anwalt-Verlag, Bonn

Weitere lobenswerte Bücher zum Gebührenrecht sind die von

*Madert, Wolfgang:* Anwaltsgebühren in Zivilsachen, Deutscher Anwaltverlag, Bonn und von

*Scherer, Michael:* Grundlagen des Kostenrechts - BRAGO und GKG, Merkur Verlag, Rinteln

Bekannt ist auch das folgende Buch:

*Enders, Horst-Reiner:* Die BRAGO für Anfänger, Verlag C.H. Beck, München

Vom Autor dieser Kursreihe ist für den RENO-Bereich noch erhältlich:

*Karsten Roeser:* Abschlussprüfung für Rechtsanwalts- und Notarfachangestellte. Fachkunde. Über 620 Prüfungsfragen und Fälle mit Lösungen, Gabler Verlag, Wiesbaden. Dieses Buch ist auf die wichtigen Prüfungsthemen konzentriert und lässt dafür unwesentlichere Themen weg. Nach jedem Kapitel, in dem der Prüfungsstoff kurz dargestellt wir, kann das Thema mit Frage und Antworten gefestigt werden. - Darauf aufbauend gibt es noch von demselben Autor:

- *ders.:* Abschlussprüfung für Rechtsanwalts- und Notarfachangestellte. Training Fachkunde. Über 220 Fälle mit Lösungen, Gabler Verlag, Wiesbaden. Hier finden sich zahlreiche Aufgaben und Prüfungsarbeiten je mit Musterlösung aus den Themen, die in dem vorherigen Buch „Abschlussprüfung" besprochen wurden.

Auf die Prüfung für Notarfachangestellte, also die Notariatskunde spezialisiert sich das Buch von

*Dannenberg-Mletzko, Lena-Maria:* Abschlussprüfung für Rechtsanwalts- und Notarfachangestellte. Notariatskunde, Gabler Verlag, Wiesbaden. Das Buch ist geeignet für Notarfachangestellte und für Rechtsanwalts- und Notarfachangestellte. Für die zuletzt genannten RENO-Angestellten ist es zugleich eine ideale Ergänzung zu den oben genannten Prüfungsbüchern von Karsten Roeser.

Prüfungsarbeiten werden auch in der Fachbezogenen Informationsverarbeitung geschrieben. Hier hilft das Buch von

*Hau, Werner/Suhens, Martina/Winkelmann, Lieselotte:* Fachbezogene Informationsverarbeitung. Über 160 Aufgaben und Fälle mit Lösungen für Rechtsanwalts- und Notarfachangestellte. Gabler Verlag, Wiesbaden. Von Werner Hau sind weitere sehr brauchbare Prüfungsbücher im gleichen Verlag in den Fächern Wirtschaftslehre und Rechnungswesen erschienen. Auf diese Fächer soll jedoch im Rahmen dieser fachkundlichen Reihe nicht weiter eingegangen werden.

# 11 Gebührentabelle nach § 11 BRAGO

| Wert bis DM | 10/10 | 3/10 | 5/10 | 7,5/10 | 13/10 | 13/20 |
|---|---|---|---|---|---|---|
| 600,00 | 50,00 | 20,00 | 25,00 | 37,50 | 65,00 | 32,50 |
| 1.200,00 | 90,00 | 27,00 | 45,00 | 67,50 | 117,00 | 58,50 |
| 1.800,00 | 130,00 | 39,00 | 65,00 | 97,50 | 169,00 | 84,50 |
| 2.400,00 | 170,00 | 51,00 | 85,00 | 127,50 | 221,00 | 110,50 |
| 3.000,00 | 210,00 | 63,00 | 105,00 | 157,50 | 273,00 | 136,50 |
| 4.000,00 | 265,00 | 79,50 | 132,50 | 198,80 | 344,50 | 172,30 |
| 5.000,00 | 320,00 | 96,00 | 160,00 | 240,00 | 416,00 | 208,00 |
| 6.000,00 | 375,00 | 112,50 | 187,50 | 281,30 | 487,50 | 243,80 |
| 7.000,00 | 430,00 | 129,00 | 215,00 | 322,50 | 559,00 | 279,50 |
| 8.000,00 | 485,00 | 145,50 | 242,50 | 363,80 | 630,50 | 315,30 |
| 9.000,00 | 540,00 | 162,00 | 270,00 | 405,00 | 702,00 | 351,00 |
| 10.000,00 | 595,00 | 178,50 | 297,50 | 446,30 | 773,50 | 386,80 |
| 12.000,00 | 665,00 | 199,50 | 332,50 | 498,80 | 864,50 | 432,30 |
| 14.000,00 | 735,00 | 220,50 | 367,50 | 551,30 | 955,50 | 477,80 |
| 16.000,00 | 805,00 | 241,50 | 402,50 | 603,80 | 1.046,50 | 523,30 |
| 18.000,00 | 875,00 | 262,50 | 437,50 | 656,30 | 1.137,50 | 568,80 |
| 20.000,00 | 945,00 | 283,50 | 472,50 | 708,80 | 1.228,50 | 614,30 |
| 25.000,00 | 1.025,00 | 307,50 | 512,50 | 768,80 | 1.332,50 | 666,30 |
| 30.000,00 | 1.105,00 | 331,50 | 552,50 | 828,80 | 1.436,50 | 718,30 |
| 35.000,00 | 1.185,00 | 355,50 | 592,50 | 888,80 | 1.540,50 | 770,30 |
| 40.000,00 | 1.265,00 | 379,50 | 632,50 | 948,80 | 1.644,50 | 822,30 |
| 45.000,00 | 1.345,00 | 403,50 | 672,50 | 1.008,80 | 1.748,50 | 874,30 |
| 50.000,00 | 1.425,00 | 427,50 | 712,50 | 1.068,80 | 1.852,50 | 926,30 |
| 60.000,00 | 1.565,00 | 469,50 | 782,50 | 1.173,80 | 2.034,50 | 1.017,30 |
| 70.000,00 | 1.705,00 | 511,50 | 852,50 | 1.278,80 | 2.216,50 | 1.108,30 |
| 80.000,00 | 1.845,00 | 553,50 | 922,50 | 1.383,80 | 2.398,50 | 1.199,30 |
| 90.000,00 | 1.985,00 | 595,50 | 992,50 | 1.488,80 | 2.580,50 | 1.290,30 |
| 100.000,00 | 2.125,00 | 637,50 | 1.062,50 | 1.593,80 | 2.762,50 | 1.381,30 |

| Wert bis DM | 10/10 | 3/10 | 5/10 | 7,5/10 | 13/10 | 13/20 |
|---|---|---|---|---|---|---|
| 130.000,00 | 2.285,00 | 685,50 | 1.142,50 | 1.713,80 | 2.970,50 | 1.485,30 |
| 160.000,00 | 2.445,00 | 733,50 | 1.222,50 | 1.833,80 | 3.178,50 | 1.589,30 |
| 190.000,00 | 2.605,00 | 781,50 | 1.302,50 | 1.953,80 | 3.386,50 | 1.693,30 |
| 220.000,00 | 2.765,00 | 829,50 | 1.382,50 | 2.073,80 | 3.594,50 | 1.797,30 |
| 250.000,00 | 2.925,00 | 877,50 | 1.462,50 | 2.193,80 | 3.802,50 | 1.901,30 |
| 280.000,00 | 3.085,00 | 925,50 | 1.542,50 | 2.313,80 | 4.010,50 | 2.005,30 |
| 310.000,00 | 3.245,00 | 973,50 | 1.622,50 | 2.433,80 | 4.218,50 | 2.109,30 |
| 340.000,00 | 3.405,00 | 1.021,50 | 1.702,50 | 2.553,80 | 4.426,50 | 2.213,30 |
| 370.000,00 | 3.565,00 | 1.069,50 | 1.782,50 | 2.673,80 | 4.634,50 | 2.317,30 |
| 400.000,00 | 3.725,00 | 1.117,50 | 1.862,50 | 2.793,80 | 4.842,50 | 2.421,30 |
| 460.000,00 | 3.975,00 | 1.192,50 | 1.987,50 | 2.981,30 | 5.167,50 | 2.583,80 |
| 520.000,00 | 4.225,00 | 1.267,50 | 2.112,50 | 3.168,80 | 5.492,50 | 2.746,30 |
| 580.000,00 | 4.475,00 | 1.342,50 | 2.237,50 | 3.356,30 | 5.817,50 | 2.908,80 |
| 640.000,00 | 4.725,00 | 1.417,50 | 2.362,50 | 3.543,80 | 6.142,50 | 3.071,30 |
| 700.000,00 | 4.975,00 | 1.492,50 | 2.487,50 | 3.731,30 | 6.467,50 | 3.233,80 |
| 760.000,00 | 5.225,00 | 1.567,50 | 2.612,50 | 3.918,80 | 6.792,50 | 3.396,30 |
| 820.000,00 | 5.475,00 | 1.642,50 | 2.737,50 | 4.106,30 | 7.117,50 | 3.558,80 |
| 880.000,00 | 5.725,00 | 1.717,50 | 2.862,50 | 4.293,80 | 7.442,50 | 3.721,30 |
| 940.000,00 | 5.975,00 | 1.792,50 | 2.987,50 | 4.481,30 | 7.767,50 | 3.883,80 |
| 1.000.000,00 | 6.225,00 | 1.867,50 | 3.112,50 | 4.668,80 | 8.092,50 | 4.046,30 |

# Schlagwortverzeichnis